ESCUELA de PADRES
de niños de 0 a 6 años
Educar con talento

Si desea recibir información gratuita
sobre nuestras publicaciones, puede
suscribirse en nuestra página web:

www.amateditorial.com

también, si lo prefiere, vía email:

info@amateditorial.com

Síganos en:

 @amateditorial

Editorial Amat

Óscar González

ESCUELA de PADRES
de niños de 0 a 6 años
Educar con talento

© Óscar González, 2016
© del Prólogo: Silvia Álava, 2016
© Profit Editorial I., S.L. 2016
Amat Editorial es un sello editorial de Profit Editorial I., S.L.
Travessera de Gràcia, 18; 6º 2ª; Barcelona-08021

Diseño de cubierta: XicArt
Maquetación: JesMart

ISBN: 978-84-9735-852-1
Depósito legal: B-12.903-2016
Primera edición: septiembre, 2016

Impresión: Liberdúplex

Impreso en España / *Printed in Spain*

*A mi mujer, Beatriz, por estar siempre ahí
de manera incondicional.*

*A mis hijos, Mateo y Elsa, por dejarme que cada día
aprenda de ellos.*

*A ti, lector, por dedicar tu tiempo a disfrutar
educando con mucho sentido común.*

*Si haces planes para un año, siembra arroz. Si los haces
para dos lustros, planta árboles. Si los haces para toda una
vida, educa a una persona.*

PROVERBIO CHINO

*El mejor medio de hacer buenos
a los niños, es hacerlos felices.*

OSCAR WILDE

NOTA EXPLICATIVA DEL AUTOR

Comprobarás que, a lo largo de este libro, no hablo de «niños y niñas» ni de «hijos e hijas», sino de «niños» e «hijos» de manera genérica. Utilizaré la forma masculina por defecto, alternándola de manera ocasional con usos específicos de género o número distintos. También hago uso del universal «padres» para referirme a «madres» y «padres». Quiero aclarar que no se trata de un uso sexista del lenguaje, sino de una manera de facilitar al máximo la lectura, simplificando los diálogos y las explicaciones que contiene el libro. Si se plantease una distinción por sexo en algún tipo de comportamiento quedará convenientemente explicado y reseñado. Muchas gracias de antemano por tu comprensión.

Índice

Prólogo

Educar no es una tarea fácil, y hacerlo con talento, aún menos. Pero se puede conseguir con esfuerzo e interés, si tienes este libro entre las manos.

Si has llegado hasta aquí, lo primero que quiero hacer es darte la enhorabuena. No sólo estás preocupado por la educación de tus hijos, sino que has conseguido dar un paso adelante y pasar de la *pre ocupación* a la *ocupación*, informándote y formándote sobre cuál es la mejor forma de educar a tus hijos. Enhorabuena porque, además, estás en las mejores manos para aprender a educar a tus hijos con talento. Óscar González sabe trasmitir con sencillez y de forma clara las claves de la educación, con ejemplos prácticos, notas de interés, ejercicios y material de apoyo para que la tarea te resulte interesante a la vez que entretenida. Resulta excelente la forma en que plantea aplicar el sentido común, algo esencial para educar con talento, pero que tan olvidado tenemos hoy día en la educación y hasta en nuestra vida cotidiana.

Lo primero que sorprende del libro es que no se trata de un manual al uso sobre educación, como otros muchos que existen en el mercado, sino que Óscar plantea una hoja de ruta específica para cada familia. No hay dos niños iguales, al igual que nos hay dos padres o dos madres iguales. Cada niño es un ser único e irrepetible con unas circunstancias únicas. Por eso hay que hacer un traje a medida para cada hijo, y ofrecerle lo que necesita en cada momento. Nos obsesionamos con ser los padres perfectos y nos olvidamos de ser el padre o la madre que nuestro hijo necesita. Precisamente, Óscar inicia este libro haciéndonos reflexionar sobre el significado del verbo educar e invita al lector a llegar a sus propias conclusiones, además de invitarte a trabajar sobre ello. Las recetas mágicas en educación no funcionan. Para acertar primero hay que observar muy bien a nuestros hijos: qué hacen, qué nos dicen, qué hacemos nosotros, qué cosas nos preocupan. Muchas veces esta información nos dará la clave para saber por dónde empezar a trabajar con ellos. Siendo coherentes y constantes, mostrando cariño y respeto, aplicando sentido común y estando siempre próximos a nuestros hijos, vamos a conseguir mucho más que con enfados, reprimendas y gritos.

Óscar nos hace reflexionar sobre la importancia de los padres en la educación de los niños, en cómo los niños nos imitan y nos convierten en su modelo a seguir las 24 horas del día y los 365 días del año. Es verdad que puede resultar una gran presión saber que nuestros hijos nos observan constantemente y que no podemos bajar la guardia, pero el dolor que nos produce verlos copiar nuestras malas conductas o nuestros defectos, hace que merezca la pena hacer el esfuerzo de ser un buen modelo a seguir, por agotador que pueda parecernos.

En el segundo capítulo, Óscar nos enseña cómo librarnos del sentimiento de culpabilidad que persigue a tantos padres, al compararse con los demás, por no ser perfectos o por no hacer siempre las cosas bien. Y, sobre todo, nos enseña a confiar en nuestras posibilidades, mostrándonos cómo la clave de la confianza está en el pensamiento. Cuando pensamos en negativo nos sentimos mal, hundidos, sin fuerza… mientras que si somos capaces de llenar la cabeza de frases y mensajes positivos podremos enfrentarnos a la tarea de educar con más ganas, poner más ahínco y tesón y aumentar nuestras posibilidades de éxito. No olvidemos que el pensamiento es previo a la emoción, y según estemos pensando así nos sentiremos. Aprender a detectar los pensamientos negativos para poder sustituirlos por otros más objetivos, será el primer paso para sentirnos mejor, y dejar de lado ese sentimiento de culpabilidad. Confía en tus posibilidades, puedes hacerlo, sólo tienes que creer en ti y en tu hijo. Y no dejes de centrarte en todo lo que haces con él, en lugar de pensar en las cosas que te pierdes. Óscar te propone un interesante ejercicio para evitar a los ladrones de tiempo y te invita a pasar tiempo de calidad con tu hijo. Quizá no puedas aumentar la cantidad de tiempo que pasas con tus hijos, pero siempre podrás mejorar su calidad.

La educación del niño no comienza cuando nace, sino en el momento en que se decide ser padre o madre, muchas veces incluso antes de que exista el embrión. Aprovechar el embarazo para leer, informarse y poner en común ideas sobre comunicación –como nos invita a hacer Óscar en el tercer capítulo– es una tarea muy recomendable en la que, además, es importante que ambos participen. Se trata de crear equipo y evitar que aparezcan las discrepancias educativas que –está demostrado– en absoluto son positivas en la educación de los hijos. Cuestiones tan importantes –y que tanto preocupan a los padres– como el sueño, la correcta estimulación del bebé y los juguetes, son otras de las cuestiones tratadas en este capítulo, en las que Óscar ha sabido recoger y explicar de forma práctica y sencilla los diferentes estudios que existen sobre el tema y, sobre todo, cómo aplicar las pautas adecuadas en el día a día.

Óscar nos hace reflexionar sobre el respeto, pero no solo de los hijos hacia los padres, si no de estos hacia sus hijos. Trata a tus hijos con respeto es una máxima de comportamiento que debería estar presente en cada segundo de nuestra vida y, sin embargo, en ocasiones se nos olvida. No podemos exigir a los niños que mantengan la calma y se autocontrolen cuando los primeros que no lo hacemos somos los adultos. Los primeros que deben aprender a regular las emociones son los padres; de esta forma podrán enseñar a hacerlo a sus hijos.

Fomentar la autonomía del niño y evitar la sobreprotección y los riesgos que conlleva es otra de las ideas que Óscar expone de forma brillante a lo largo del libro, y está detallada en profundidad en el capítulo cuarto.

En ocasiones nos cuesta asumir nuestra responsabilidad cuando las cosas no van bien, y buscamos culpables fuera. Cuántas veces nos quejamos porque *el colegio no lo hace bien con mi hijo* o *no saben cómo enfocarlo…* Me parecen muy útiles los consejos de Óscar para trabajar de forma coordinada y colaborar con la escuela. Realizar un DAFO familiar en el que identifiquemos nuestras debilidades y riesgos, pero también las fortalezas, los puntos de mejora y las oportunidades que surgen en el día a día para mejorar la relación con nuestros hijos, es una tarea que, guiada como nos propone el autor en el capítulo 5, nos resultará fácil de hacer y seguro que nos brindará mucha información sobre nuestra forma de educar.

Educar con talento es educar con emoción, enseñar a los niños a reconocer sus propias emociones, a comprender por qué se sienten así tanto ellos como los demás, a regular sus emociones, es algo que no podemos obviar y que Óscar nos explica a lo largo del libro. La vida es mucho más que un boletín de notas y tan necesario como trabajar los contenidos curriculares será trabajar la autoestima del niño, la seguridad, la empatía, la comunicación de padres e hijos, el autocontrol…

Muchos padres tienen miedo a poner normas a sus hijos y a marcar los límites; por un lado, porque están tan preocupados por caerles bien que se olvidan de su función más importante como padres: EDUCAR y, por otro, porque piensan que las normas y los límites anularán la personalidad del niño, cuando no es así en absoluto sino que les ayudarán a desarrollar el autocontrol necesario para desenvolverse con éxito en la sociedad. Se trata –como muy bien explica Óscar– de distinguir entre disciplina y autodisciplina y no confundir disciplina con castigo. Ya sabemos que el castigo en educación pocas veces funciona, pero sí hay que dejar claro que las conductas de los niños tienen consecuencias. Solo así enseñaremos al niño a no cometer los mismos errores.

Sin duda, uno de los proyectos más importante de la vida es la paternidad y, sin embargo, nadie nos enseña y nos prepara para acometerlo. No obstante, ahora estás en manos de un experto en la materia, que te va a trasmitir, de forma clara y sencilla, su conocimiento y el de otros expertos en el tema, y que te va a ayudar en la apasionante tarea de criar a un hijo. El aprendizaje comienza aquí, ahora solo tienes que ponerlo en práctica.

Termino como empecé, dándote la enhorabuena por tu decisión de educar con talento y por haber elegido este libro para hacerlo. Realmente pocos profesionales como Óscar González saben trasmitir de forma tan clara y concisa las claves para conseguirlo.

Silvia Álava
Psicóloga y autora de *Queremos hijos felices*
y queremos que crezcan felices.

Presentación

Todos los padres queremos educar a nuestros hijos de la mejor manera posible. Esto es una realidad. Pero en la actualidad, muchos nos estamos encontrando con serias dificultades para conseguirlo. Nunca hasta ahora habíamos tenido acceso a tantísima información sobre cómo educar a nuestros hijos ni se habían escrito tantos libros sobre educación y *parenting* como hoy. Tampoco habíamos tenido acceso tan fácil a profesionales a los que poder consultar nuestros problemas educativos diarios como los que tenemos hoy en día. Esto debería facilitarnos criar y educar a nuestros hijos, pero la realidad nos muestra lo contrario: nunca ha resultado tan difícil educarlos como ahora. ¿Qué está ocurriendo?

Los padres de hoy, en términos generales, nos encontramos realmente agobiados, perdidos y desorientados. Afrontamos nuestra tarea educativa cargados de miedos, dudas e inseguridades preguntándonos constantemente si lo estaremos haciendo bien. Otros, desbordados, afirman directamente no saber qué hacer con sus hijos porque, como se suele decir, no vienen con manual de instrucciones. La sociedad actual tampoco nos facilita las cosas: excesivas obligaciones, dificultades para conciliar familia y trabajo, un ritmo de vida acelerado y un largo etcétera. Vivimos en una sociedad en la que los cambios son tan rápidos que nos impiden educar con calma y serenidad. Y es urgente y necesario cambiar esta dinámica si queremos vivir y disfrutar al máximo de esta experiencia única.

> *El siglo XXI es la época en que la velocidad del cambio ha superado nuestra capacidad para controlarlo.*
>
> RICHARD GERVER

El objetivo de la Colección Escuela de padres es ayudarte a educar bien, con sentido común y criterio. No se trata de un manual de instrucciones sino de una completa guía que te servirá como hoja de ruta desde el nacimiento de tu hijo hasta su adolescencia. Considera estos libros como unos compañeros de viaje en esta tarea, que no es tan difícil como parece, y a los que podrás acudir cuando lo consideres necesario. Esta colección contiene la información fundamental que te facilitará ejercer tu tarea educadora y conseguirá que las relaciones familiares sean mucho más gratificantes y enriquecedoras. Te mostraré de qué forma valorar y tener en cuenta a tus hijos para que consigan confianza y seguridad en sí mismos, y logren una autoestima sana y sólida. Aprenderás a guiarlos y orientarlos de la manera correcta, y a educar sus emociones. También aprenderás a establecer normas y límites de forma adecuada. Te facilitaré pautas de actuación que permitan resolver con éxito los problemas que te irás encontrando en cada una de las etapas educativas.

Se trata, pues, de una colección útil y práctica que huye de complicadas teorías educativas para ofrecerte consejos, pautas, técnicas y herramientas que ya han sido puestas en práctica y han mostrado que son eficaces para educar niños felices y convertirlos en adultos felices, pues cabe recordar que los niños de hoy serán los adultos del mañana. Además, todos los libros de la colección contienen actividades y ejercicios que invitan a la reflexión y a la acción.

La educación es una ciencia y también un arte, un arte que debe aprenderse. Estos libros pretenden ayudarte a conseguirlo de manera sencilla y práctica. Pero no lo olvides, al final vas a ser tú quien ponga en práctica las ideas que te ofrezco. Nadie puede educar por ti: es tu compromiso y la tarea más importante que se te ha encomendado. Comprométete a hacerlo de la mejor manera posible.

¿Nos ponemos en marcha?

¿Por qué puede ayudarte este libro?

Como ya he señalado, todos queremos educar mejor a nuestros hijos para que, de esta manera, puedan crecer felices. Con este libro vas a:

- ➤ Aprender las claves necesarias para educar a tus hijos con verdadera inteligencia, sentido común y criterio.
- ➤ Aprender los criterios necesarios para educar de manera eficaz en la etapa que abarca desde el nacimiento de tu hijo hasta los seis años.
- ➤ Lograr un ambiente familiar óptimo para el desarrollo y crecimiento integral del niño.
- ➤ Convertirte en un padre con herramientas educativas actualizadas. Es decir, convertirte en un auténtico padre del siglo XXI con capacidad para educar hoy.

En este libro te ofrezco las claves para conseguir todo esto y mucho más. Se trata de una obra de consulta sencilla que te será útil en la etapa de 0 a 6 años. Conocer lo que corresponde al niño en cada etapa te será de mucha ayuda. Mi objetivo es que cuando termines de leerlo y según lo vayas poniendo en práctica puedas afirmar que te ha sido de utilidad.

Déjame proponerte un reto antes de que empieces a leerlo: cuestiona todo lo que te proponga y acéptalo como válido únicamente si al ponerlo en práctica te resulta útil.

> *No crea nada. No importa dónde lo lea o quién lo diga, incluso si lo he dicho yo, a menos que concuerde con su propio juicio y su sentido común.*
>
> BUDA

¿Para quién es este libro?

Este es un libro dirigido a padres –algunos de ellos primerizos, otros con más experiencia– que buscan aprender y mejorar en su *oficio y tarea de ser padres*. También va dirigido a todos los educadores (abuelos, profesores y adultos en general). No es preciso ser un experto en educación para comprender este libro y convertirse en un auténtico padre con talento. Es un libro al que le sacarás mucho partido si:

1. **Eres padre:** tienes un hijo (por lo menos) o vas a tenerlo y quieres aprender a educarlo de la mejor manera posible disfrutando al máximo de cada una de las etapas educativas.

2. **Quieres conocer lo que acontece en la etapa educativa** por la que ahora está atravesando tu hijo y prevenir posibles problemas y dificultades con las que te irás encontrando en un futuro no muy lejano. Cada etapa nos presenta nuevos retos y desafíos para los que debemos estar preparados.

3. **Quieres consejos prácticos y útiles para mejorar en tu tarea de ser padre** recibiendo la máxima información sobre el tema. Quieres estar al día y necesitas herramientas para educar mejor desde hoy mismo.

Parto de la idea primordial de que el amor incondicional y el respeto hacia el niño son dos elementos fundamentales para favorecer su crecimiento.

Iconos utilizados en el libro

Para ayudarte a encontrar la información esencial o para destacar datos relevantes he incorporado los siguientes iconos a lo largo del libro:

CLAVE. Este icono llama tu atención hacia una información destacada o ante un problema educativo específico.

RECUERDA. Destaca aspectos esenciales que debes recordar.

EJEMPLO. Avisa de que estoy exponiendo un ejemplo práctico que muestra cómo abordan otros padres un problema concreto.

OJO. Atraeré tu atención sobre aspectos importantes que te serán de mucha ayuda.

ACTIVIDAD. Mediante este icono podrás localizar con facilidad los diferentes ejercicios (actividades prácticas y de reflexión) que te propongo para que desarrolles al máximo tu **talento educativo**.

CONSEJO DE EXPERTO. En cada apartado conversaremos con expertos (psicólogos, pediatras...), que nos ofrecerán las claves educativas sobre determinados temas y problemas específicos. Además, incluyo ideas de grandes expertos en educación que te ayudarán a reflexionar sobre tu intervención educativa con tus hijos.

1

El apasionante reto de educar

Antes de casarme tenía seis teorías sobre cómo educar a los hijos; ahora tengo seis hijos y ninguna teoría.

JOHN WILMOT

Una aproximación a qué es educar

Se han escrito muchos manuales sobre cómo educar a nuestros hijos y en cada uno de ellos se nos ofrecen múltiples definiciones sobre qué es educar (aunque en líneas generales muchas de ellas se parecen y nos dicen lo mismo usando palabras distintas). Como este no es un manual al uso sino tu propia hoja de ruta para educar, quiero que lo personalices y adaptes a tus propias circunstancias, a tu forma de ser y actuar pero, sobre todo, a la forma de ser de tus hijos. Haz tuyo este libro: subraya todo aquello que te resulte interesante, toma notas, escribe comentarios y tacha todo aquello que no te resulte útil. De esta forma se convertirá en una herramienta muy valiosa en tu apasionante viaje educativo. Empecemos con la primera tarea.

> ✓ **Actividad.** Escribe con tus propias palabras qué significa para ti EDUCAR.

Educar es...

Según el Diccionario de la Real Academia Española educar es:

1. Dirigir, encaminar, doctrinar.
2. Desarrollar o perfeccionar las facultades intelectuales y morales del niño o del joven por medio de preceptos, ejercicios, ejemplos, etc. Educar la inteligencia, la voluntad.
3. Desarrollar las fuerzas físicas por medio del ejercicio, haciéndolas más aptas para su fin.
4. Perfeccionar o afinar los sentidos. Educar el gusto, el oído.
5. Enseñar los buenos usos de urbanidad y cortesía.

Como puedes comprobar, educar consiste en transmitir principios y formas de actuar a nuestros hijos. Del mismo modo también consiste en ayudarles a desarrollar aquellas capacidades que, aunque innatas, en ocasiones necesitan ser activadas. Esa es nuestra tarea principal como educadores y es momento de que tomemos conciencia de la gran importancia de nuestro papel: somos los primeros y principales referentes de nuestros hijos.

Pero esto es la teoría, pasemos ahora al terreno práctico: si salimos a la calle y le planteamos a todo aquel que nos encontramos en el camino la cuestión de qué es para ellos educar comprobaremos que cada cual nos ofrece una definición distinta, pues todos tenemos un concepto y una visión del tema muy personal.

Debemos tener claro que no existe una única manera de educar correctamente a nuestros hijos, ya que todos los hijos y todos los padres son diferentes. Y así debe ser porque no tenemos que adaptar al niño a la educación (a nuestra forma de educar y actuar), sino que debemos adaptar la educación al niño, teniendo en cuenta las cualidades y características que lo hacen único.

Me gusta mucho un ejemplo que pone el pediatra Carlos González en su libro *Creciendo juntos:*[1]

> Es un error pensar que solo existe una forma correcta de criar a los hijos, y todas las demás son malas. En realidad hay miles de formas igualmente correctas de criar a los hijos; y otros miles que, sin ser tal vez perfectas, son suficientemente buenas.

Por este motivo no existe un manual de instrucciones que nos sirva de guía para educar a nuestros hijos. Como muy bien señalan Pilar Guembe y Carlos Goñi:

> Los hijos no nacen educados. Este es el deber y el gran reto de los padres. En un sentido profundo, padres no son los que engendran sino los que educan, los que no solamente dan la vida, sino que la cuidan para que llegue a su plenitud. Una tarea tan inmensa como apasionante.

Me gustaría ofrecerte algunas citas sobre educar que nos han legado grandes pensadores de todos los tiempos. Seguro que te ayudarán a reflexionar y a elaborar tu propia definición sobre el tema. Estas son las citas que he elegido para ti:

- ➤ «Educar es un proceso que no termina nunca» (Josefina Aldecoa).
- ➤ «La educación consiste en ayudar al niño a llevar a la realidad sus aptitudes» (Erich Fromm).

---

1. *Creciendo juntos. De la infancia a la adolescencia con cariño y respeto*, Carlos González, Ed. Temas de hoy.

➤ Educar es sembrar. Sembrar amor, sembrar conciencia, sembrar humanidad para que crezcan buenas personas, buenos ciudadanos y buenos profesionales» (Álex Rovira).

➤ «Educar es un acto altruista, quizás el más altruista que realizaremos en la vida» (José Carlos Aranda).

➤ «Educar es sembrar y saber esperar» (Bernabé Tierno).

Por tanto, podemos afirmar que EDUCAR es…

➤ Un proceso lento, en el que debemos aplicarnos y comprometernos al cien por cien.

➤ Una tarea que requiere de mucha paciencia y constancia para llevarla a cabo si queremos obtener los resultados esperados. Educamos siempre a largo plazo.

➤ Una tarea que entraña cierta dificultad porque su resultado depende de muchísimos factores: en educación A + B nunca es C. Todo un desafío.

➤ Un proceso en el que debemos tratar a cada hijo de forma individual, como un ser único y especial. No se puede (ni se debe) educar a todos los hijos por igual.

➤ Actuar con nuestro EJEMPLO diario. Nuestro ejemplo arrastra más que nuestras palabras. Educamos mucho más por lo que hacemos que por lo que decimos. Ellos nos observan todo el día: cómo reaccionamos ante cada situación, de qué forma hablamos, caminamos... Somos su ejemplo las 24 horas del día, los 365 días del año.

➤ Asumir nuestra tarea con la máxima humildad posible: no somos padres perfectos. Nos equivocamos a diario y cuando lo hacemos debemos reconocerlo. Es algo que nos humaniza y nos acerca más a nuestros hijos. Por tanto, no se trata de alcanzar la perfección como padres sino de intentar hacerlo lo mejor posible.

> ➤ Ayudar a nuestros hijos a afrontar las dificultades con fortaleza, alegría y optimismo. Ofrecerles las herramientas y los recursos necesarios para que puedan hacerlo ellos mismos.

> ➤ Ofrecerles todo nuestro amor y cariño pero, al mismo tiempo, actuar con exigencia en nuestra acción educativa. Proteger, sí; sobreproteger, no. La sobreprotección es la desprotección más absoluta.

Ser padres

Ser padre o madre es un privilegio y una enorme responsabilidad que te acompañará a lo largo de toda la vida y te ayudará a experimentar múltiples vivencias: alegría, amor, ternura... No hay experiencia comparable a la de ser padre o madre. Te permitirá vivir grandes momentos, pero también otros que no lo serán tanto y que deberás afrontar como parte circunstancial de tu vida. Se trata de una gran aventura pero al mismo tiempo de algo muy agotador tanto física como emocionalmente. Debemos estar preparados para ello.

Nuestra labor es importante pero no debemos perder de vista que nuestros hijos son los verdaderos protagonistas. ¿Qué te parece si les ofrecemos las herramientas para que puedan afrontar sus vidas en las mejores condiciones?

☑ **Actividad.** Me gustaría que te tomases un minuto e intentaras describir de la manera más completa y precisa al padre o a la madre a los que te gustaría parecerte. Añade todas las características y cualidades que puedan definirlos. Ahora ponte a trabajar para convertirlo en una realidad. Pasa a la acción. Recuerda que los límites los pones tú.

Consejo de experto (por Laura García Agustín)

Cada niño es un mundo, un maravilloso universo lleno de posibilidades y de capacidades que estimular. Nuestra es y será durante toda la vida la responsabilidad de que nuestros hijos crezcan de forma emocionalmente inteligente y se conduzcan por la vida de la forma más beneficiosa para si mismos y para los demás. Y sólo podrán hacerlo si nosotros, sus padres, hemos sabido inculcarles unos valores adecuados, si les hemos enseñado unas normas correctas, asignado unos límites y transmitido un escrupuloso respeto por sí mismos y por los demás, si les hemos querido y les hemos enseñado a querer.

Educar con talento

Nadie nace sabiendo educar, el educador debe aprender a serlo. Debemos asumir que es totalmente normal no saber desempeñar un papel que jamás antes hemos ejercido y al que no estamos habituados. Y te preguntarás, ¿qué es eso de educar con talento? Mucha gente se sorprende cuando asocio estas dos palabras: *educar* y *talento*. El filósofo José Antonio Marina define *talento*[2] como:

> La inteligencia triunfante. Es la inteligencia en acto, resuelta, es decir, que resuelve los problemas y avanza con resolución.

Por tanto, del mismo modo que existe una gran variedad de inteligencias, también podemos encontrar talentos diferentes (científicos, musicales, financieros…). Hay uno de estos talentos que rara vez se menciona, me refiero al talento que todos tenemos para educar (educar bien, por supuesto).

Voy a darte otra buena noticia: tú ya eres un padre con talento. Y lo que te convierte en un padre con talento no son los cono-

---

2. *La educación del talento*, José Antonio Marina, Ed. Ariel.

cimientos teóricos que tienes sobre la materia, sino la manera en que los llevas a la práctica a través de tu sentido común. Ahí está la clave, en ser capaces de resolver problemas prácticos: la acción es la que te llevará a aprender y mejorar.

De los múltiples talentos que poseemos algunos los desarrollamos y otros no. Por este motivo tenemos que trabajar, ejercitar y desarrollar al máximo nuestro talento educativo si queremos obtener el éxito esperado y realizar nuestra tarea de manera efectiva educando a nuestros hijos con sentido común y criterio.

> **Ejemplo.** El tenista Rafael Nadal es poseedor de muchísimos talentos. Uno de ellos es el de jugar muy bien al tenis pero, ¿qué ocurriría si no hubiese entrenado jamás?, ¿qué hubiera ocurrido si no hubiese ejercitado y trabajado cada movimiento que requiere la práctica del tenis?, ¿hubiera obtenido los éxitos que ha alcanzado?, ¿habría llegado a ser el número uno del mundo?

Durante siglos se ha creído que el talento era algo innato, es decir, algo que nos ha sido concedido. Gracias a recientes estudios e investigaciones estas falsas creencias sobre el talento están siendo abandonadas, dando paso a una visión que establece que el talento viene determinado en gran medida por nuestros actos y no tanto por nuestros genes.

Comprobarás que muchas de las herramientas educativas que planteo no son las que usaron nuestros padres, ya que nuestros hijos no viven en el mismo mundo en el que nosotros crecimos. Han cambiado mucho las cosas. Muchas de las herramientas y principios con los que nos educaron a nosotros han quedado obsoletos y son los causantes de que no obtengamos los resultados esperados. Por esta razón debemos modificar la manera en que educamos a nuestros hijos y adaptarla a los nuevos tiempos ya mismo.

Requisitos para educar con talento (y mucho sentido común)

En definitiva educar con talento consiste en aprender a disfrutar educando con sentido común. Si pretendes conseguirlo deberás tener en cuenta estos requisitos:

➤ Actuar con optimismo. No puedes educar sin optimismo. Nuestros propios hijos nos obligan a ser optimistas. Dejemos el pesimismo para tiempos mejores. Como acertadamente señala José Carlos Aranda[3] «en educación no hay espacio para la desesperanza». Además, este optimismo lo transmitimos a nuestros hijos, algo que les ayudará a enfrentar con ánimo las dificultades de la vida.

➤ Confiar en ti mismo para educar. Precisamos tener una alta «autoestima educativa», sentirnos «capaces» de aquello que estamos haciendo: educar a nuestros hijos de la mejor manera posible.

➤ Saber qué pretendemos con la educación de nuestros hijos. En educación nada se improvisa. Debes planificar adecuadamente tu intervención educativa teniendo en cuenta que no siempre van a salir las cosas como quieres. Por ello debes actuar siempre con flexibilidad adaptándote a los cambios de las diferentes etapas educativas.

➤ Actuar con humildad. Ingrediente imprescindible para seguir aprendiendo de todo y de todos, alejándonos de actitudes del tipo «yo ya lo sé todo, ¿qué me vas a contar a mi?». Además hay problemas y situaciones a los que no podremos dar solución y, por este motivo debemos saber pedir ayuda a tiempo. Es de gran importancia aprender de nuestros grandes maestros: nuestros hijos.

➤ Educar con sentido común y coherencia. No existen recetas mágicas para educar, y por eso debemos aplicar todo

---

3. *Inteligencia Natural*, José Carlos Aranda, Ed. Toromítico.

lo que aprendemos en nuestra acción educativa pasándolo por el filtro del sentido común. Esto solamente será posible si tienes confianza y seguridad en ti mismo. El sentido común, con amor y cariño, rara vez te guiará erróneamente, ya que harás lo que intuyas que más necesita el niño en cada momento.

➤ Estar en continua disposición de aprender. Siendo conscientes de que puedes y debes mejorar cada día. Esto te ayudará a CRECER como padre y, como consecuencia, también CRECERÁN tus hijos.

➤ Autocontrol. Debes actuar desde la calma, el sosiego y la reflexión sin dejarte llevar por la ira, la rabia o la frustración. El niño no es culpable de lo que a ti te pasa: no pagues con él tus frustraciones, tus inseguridades o tus problemas.

➤ Tener mucha paciencia y constancia. Educar es un proceso lento y constante. Por este motivo no debes esperar resultados inmediatos. ¿Cómo pretendes que tus hijos aprendan a esperar si tú no eres capaz de hacerlo?

➤ Actuar desde el compromiso y entusiasmo en la tarea. Educar es la tarea más importante que llevarás a cabo en tu vida. Por este motivo es necesario actuar con ilusión, compromiso y entusiasmo desde el primer día.

➤ Confiar en tu intuición. Podrás leer muchos libros, contar con pautas, orientaciones o recetas para educar pero, al final, no existe manual de instrucciones para educar a tu hijo y, por tanto, deberás confiar en tu intuición, actuando con naturalidad y teniendo en cuenta las características y circunstancias del niño. Además, debes serconsciente de que cada etapa tiene sus propias características, pero cada niño es un ser individual con su propio ritmo de desarrollo. Por este motivo el padre con talento RESPETA EL RITMO DE SU HIJO. De este modo:
  • Le transmite seguridad y al mismo tiempo tranquilidad.

- Lo acepta como es.
- No fuerza su desarrollo, sino que se adapta al proceso de aprendizaje del niño.

➤ Mirar con ojos de niño. Debes actuar con empatía para que tus hijos se sientan comprendidos y te sientan cercano. El respeto es clave para una relación sana con nuestros hijos. No olvides que tú también fuiste niño alguna vez.

➤ Mucho amor y cariño. El amor por nuestros hijos debe ser incondicional. Está por encima de todo, no puedes dar cariño como recompensa a un comportamiento de tu hijo. Además, no basta con querer a tu hijo: también tienes que decírselo y recordárselo continuamente.

➤ Coherencia. Debes mantener la coherencia entre lo que dices y lo que haces, sin ofrecerles un mensaje contradictorio.

➤ Desdramatizar. Actuar con mucho sentido del humor. Utiliza el sentido del humor y disfruta «de» y «con» tu hijo. Esto te ayudará muchas veces a distanciarte de los problemas y verlos desde otra perspectiva. Vive al máximo esta oportunidad, esta experiencia que es educar y ver crecer día a día a tu hijo.

> **Clave**. La infancia de tus hijos pasa con mucha rapidez. Vive el presente, aprecia y goza esos momentos especiales. Déjate sorprender... Disfruta de este maravilloso viaje que es EDUCAR.

> **Recuerda**. Todas estas cualidades que aquí menciono se pueden trabajar y desarrollar: absolutamente TODAS. Recuerda también que todos estamos capacitados para cultivarlas y hacerlas crecer. Para ello debes hacer un trabajo contigo mismo. ¿Estás preparado para ello? Vamos allá, sigue leyendo.

Aprender a ser padres, ¿es posible?

Antes de tener hijos, el papel que hemos asumido durante muchos años ha sido precisamente ese: el de hijos. Por tanto, los conocimientos que tenemos sobre cómo ser padre son los que hemos recibido desde nuestra posición de hijos. Hemos aprendido lo que nuestros padres hicieron con nosotros, lo que hemos observado en otras personas, amigos…

La cuestión es que nadie nos ha enseñado a ser padres pero, ¿es posible aprender a serlo?

Nuestros buenos sentimientos y buenas intenciones no nos convierten por arte de magia en buenos educadores. Lo conseguiremos a través de la experiencia, la comprensión y la comunicación con nuestra pareja pero, sobre todo, a través de la práctica.

Muchos padres se hacen esta pregunta: «¿cómo puedo aprender a ser mejor padre para educar a mis hijos?» Me gustaría ofrecerte algunas ideas y claves por donde puedes empezar:

1. Lee buenos libros y revistas sobre educación. Leer libros te ayudará a aprender y a poner en práctica lo que aprendas. Además te permitirá revisar tu forma de actuar. También te recomiendo la lectura de algunas revistas.

2. Consulta a tus amigos que ya son padres. Habla con ellos, pregúntales sobre aquellos temas que más te preocupan. Siempre es bueno conocer otros puntos de vista, otras opiniones y formas de prevenir, afrontar y resolver los conflictos más frecuentes.

3. Participa en foros de opinión y debate *online*. Es una buena manera de estar al día y compartir tu opinión e inquietudes con otros padres de cualquier lugar del mundo. Comprobarás que muchos de ellos tienen tus mismos problemas y preocupaciones, no eres el único al que le ocurre.

4. Consulta páginas web y blogs interesantes sobre educación. Encontrarás un listado detallado en la web de la colección: www.coleccionescueladepadres.es

5. Escucha programas de radio sobre educación. Si no puedes escucharlos en directo te recomiendo que hagas una búsqueda de *podcasts* sobre educación en las webs de las emisoras.

6. No pierdas el tiempo. Empieza a educar desde los primeros años, desde los primeros meses, desde los primeros días… No esperes a más adelante. Cuanto antes, mejor.

8. Disfruta y aprende día a día de tu hijo a medida que vaya creciendo. Vive al máximo y exprime cada una de las etapas educativas. Siempre encontrarás su parte positiva y aprenderás muchas cosas que solo los niños son capaces de transmitir. En mis Escuelas de Padres siempre hago la siguiente afirmación: «Cada día aprendo de mis hijos más de lo que les enseño. Ellos son mis verdaderos MAESTROS». Es una gran verdad.

9. Asiste a charlas, jornadas y Escuelas de Padres. Te recomiendo que visites la web de mi proyecto de Escuela de Padres con talento: www.escueladepadrescontalento.es. Se trata de un innovador modelo de Escuela de Padres y Madres que combina de manera precisa la formación presencial y *online*.

Necesitamos dialogar con otros padres en un entorno tranquilo donde sintamos que se dan las condiciones necesarias para hablar abiertamente, con seguridad y confianza, sobre las dudas y problemas que encontramos en nuestro día a día a la hora de educar a nuestros hijos. Esto nos ayudará a reconocer cómo nos sentimos en el papel que hemos asumido y a comprobar que no somos los únicos que tenemos problemas y dificultades. Muchos padres que asisten a mis Escuelas de Padres, al finalizar el curso, afirman con alivio: «Menos mal, pensaba que esto solo me pasaba a mí».

Características comunes de los padres que asisten a las Escuelas de Padres

Estas son algunas de las características comunes que he observado a lo largo de los años en aquellos padres que han participado en las Escuelas de Padres que he organizado:

➤ Preocupación por si se equivocan en su acción educativa.

➤ Sentimiento de culpa por el estilo y métodos empleados para educar a sus hijos.

➤ Consideran que la paternidad es una de las tareas más difíciles que debe afrontar el ser humano.

➤ Implicación: son padres con ganas de aprender y mejorar conscientes de que no podemos alcanzar la perfección en nuestra acción parental.

Clave. Además de lo expuesto, debemos reconocer que hay situaciones que verdaderamente nos superan. Por este motivo es necesario saber pedir ayuda a tiempo a los profesionales que corresponda (psicólogos, pedagogos...) para dar (o intentar dar) solución a los problemas a los que nos enfrentamos.

Ojo. Un 85% de padres cree que le vendría bien tener más información para su labor educativa.
Según un estudio realizado por la empresa demoscópica MyWord para Gestionando Hijos, tres de cada diez padres y madres se confiesan perdidos en la educación de sus hijos. Además, la mayoría de personas encuestadas, un 95% valora positivamente que se ofrezcan contenidos útiles en los centros de trabajo para ayudar a los padres en sus tareas como educadores: talleres, jornadas con orientadores, psicólogos o pedagogos.

☑ **Actividad**. Haz una revisión crítica de las prácticas educativas de las que has sido testigo en tu entorno familiar para
saber si realmente son útiles en la actualidad y las quieres
incorporar en tu día a día. Para ello puedes contestar estas sencillas preguntas:

➤ ¿Recuerdas cómo fue la educación que recibiste de tus padres (principales modelos de referencia y aprendizaje)?
Intenta describirla en tres palabras.

➤ ¿Qué puedes aprovechar de estas prácticas educativas en
tu familia actual?

➤ ¿Recuerdas cuáles eran tus sentimientos? ¿Quieres que tu
hijo se sienta igual? ¿Qué cosas puedes cambiar para que
esto sea así?

➤ ¿Qué cosas piensas que no son aprovechables y no se pueden aplicar en tu día a día educativo? ¿Por qué motivo
crees que no sirven?

Cómprate un cuaderno hoy mismo

Este es el primer consejo que doy a quienes participan en mis
Escuelas de Padres y ahora te lo doy a ti: cómprate un cuaderno
hoy mismo (si eres de los que prefieres lo digital te recomiendo
la aplicación Evernote). Y tengo mis motivos para hacerlo. Voy
a desvelártelos ahora mismo.

Si alguna vez has visitado un supermercado sin una lista de la
compra, comprobarás que gastas más, compras cosas que no
necesitas y pierdes mucho más tiempo. Esto ocurre en cualquier actividad de nuestra vida. Sin una guía es poco probable
que alcancemos el éxito en cualquier tarea. Cuando salimos de
viaje, un mapa nos ayuda a llegar a los lugares que queremos
visitar, sería impensable salir sin uno. Pero una gran cantidad

de personas lo hace a diario, no con sus viajes pero sí con su vida. Este cuaderno debe convertirse en ese mapa que nos ayude cada día a mejorar como padres y educadores. Será un buen complemento de este libro. Te recomiendo que lo lleves siempre encima y acudas a él en busca de ayuda, consejo e inspiración. Además, muchas de las actividades que te planteo en el libro las puedes realizar ahí, en tu propio «cuaderno educativo».

 Consejo de experto (por Daniel Coyle)

Un porcentaje elevado de personas que destacan en lo que hacen llevan alguna clase de diario de sus actuaciones. Según el mismo autor, «los cuadernos funcionan como los mapas: generan claridad». Y ese es mi objetivo cuando te aconsejo que te compres el cuaderno y empieces a anotar cosas en el mismo: que actúe como un mapa y te ayude a ver las cosas con mayor claridad.

Veamos por qué es necesario tomar notas en este cuaderno que vas a comprar:

1. Te ayudará a anotar pensamientos que pueden parecer tonterías pero que, con el tiempo, te aportarán luz y sentido. Es una buena forma de dialogar contigo mismo, algo muy necesario para actuar con eficacia en tu acción educativa diaria.

2. Te permitirá registrar tus objetivos y tenerlos siempre presentes. Esto te obligará a ponerte en marcha e intentar cumplirlos marcándote unos plazos para lograrlo.

3. Escribe una lista con todo aquello a lo que tienes miedo, cosas que podrían no salir bien y obstáculos a los que posiblemente te enfrentarás. Escribir en el cuaderno tus miedos e inquietudes es el primer paso para empezar a darles solución.

4. Te ayudará a aprender de todo aquello que vas experimentando y te permitirá adquirir confianza en ti mismo para lograrlo. Esto te hará estar en continua disposición de aprender de todas y cada una de las situaciones que te presenta la vida.

5. Te ayudará a adquirir un compromiso, ya que el mismo acto de ponerlo por escrito te compromete a cumplirlo.

¿Qué anotarás en este cuaderno?

Estas son algunas cosas que te recomiendo que anotes:

➤ Tus ideas y opiniones sobre qué es educar.

➤ Citas inspiradoras sobre educación que vayas encontrando por el camino.

➤ Dificultades que encuentras en tu día a día como educador.

➤ Tus fortalezas y debilidades como educador.

➤ Tus miedos e inquietudes a la hora de educar.

➤ Cómo describes a tu hijo: con qué palabras lo definirías, sus cualidades, etc.

➤ Qué estilo educativo empleas y qué puedes mejorar para llevarlo a cabo.

➤ De qué forma valoras tu acción educativa (autovaloración).

➤ Qué lenguaje empleas para dirigirte a tus hijos: qué palabras y expresiones son las que más repites y qué te gustaría cambiar.

➤ Las conversaciones que mantienes con los profesores de tus hijos (acuerdos a los que llegáis para ayudarle en su día a día, etc.).

En definitiva, todo aquello que se te ocurra y que te ayude en tu día a día. No esperes más, ves ahora mismo a comprarte el cuaderno y empieza a escribir en él. Comprobarás que te ayuda a replantearte muchas cosas por el simple hecho de ponerlas por escrito. ¿No me crees? Pruébalo y ya me contarás.

#Leido en internet

Nuestro dibujo, nuestro niño

1. Dibujad en una hoja a vuestro hijo.
2. Haced una bola con el papel.
3. Intentad que la hoja vuelva a quedar como al principio estirándola

¿Podéis?

El corazón de nuestros hijos es como el papel. La impresión que dejas en ellos será difícil de borrar

10 frases positivas para los niños

1. Has sido capaz de hacerlo.
2. Si necesitas algo, pídemelo.
3. Estoy muy orgulloso de ti.
4. Sabes que te quiero mucho.
5. Puedes llegar donde tú quieras.
6. Yo sé que eres bueno.
7. Sé que lo has hecho sin querer.
8. Creo lo que me dices.
9. Noto que cada día eres mejor.
10. ¡Qué sorpresa más buena!

La EDUCACIÓN condiciona la forma de SER, SENTIR y COMPORTARNOS.

EDUCA…
- Con respeto.
- Con cariño.
- Con humor.
- Con paciencia.
- Con empatía.
- Reforzando…

… más que castigando.

@Patri_Psicologa

#4 citas en las que inspirarte

1. *Ser padre es la única profesión en la que primero se otorga el título y luego se cursa la carrera.*
   Luis Alejandro Arango

2. *La verdadera educación de un hombre comienza varias generaciones atrás.*
   Eleuterio Manero

3. *La educación es cara pero el coste de la ignorancia es mayor.*
   Daniel Lewis

4. *En cierto sentido, nos hacemos eternos a través de los hijos.*
   Carmen Guaita

2

Empieza nuestro viaje: educar desde la cuna

Tomar la decisión de tener un niño es trascendental: es aceptar para siempre que tu corazón esté dando una vuelta por ahí fuera de tu cuerpo.

Elizabeth Stone

Una gran aventura está apunto de empezar

Es muy importante destacar que no todo empieza en el parto. De hecho, un niño empieza a existir en el momento que sus padres piensan en él. Empieza a ser una realidad desde el deseo y la voluntad de la pareja de «ser padres».

Ser padre o madre, asumir esa gran alegría y responsabilidad debe ser valorado con todas las consecuencias. Como destaca Javier Urra:

Desear un bebé es dar un paso importante a favor de su educación. Debe ser la pareja, desde el razonamiento pero sobre todo desde la ilusión y el amor, quien decida tener un hijo.

Preparándonos para el viaje. Confía en ti para educar

Es curioso pero cuando tienes un hijo todo el mundo se cree con derecho a opinar. Y la verdad es que eso está muy bien siempre y cuando las opiniones tengan la intención de ayudarte en esta nueva etapa. Pero lamentablemente no siempre es así y en ocasiones nos encontramos con críticas hacia nuestra manera de actuar: «si lo coges en brazos se acostumbra», «si lo acuestas en tu cama jamás lo sacarás de ahí», «si le haces esto le pasará lo otro». Y esto tiene consecuencias. Una de ellas es que vamos perdiendo la confianza en nosotros mismos a la hora de criar y educar a nuestros hijos.

Tras muchas conferencias, charlas, seminarios y Escuelas de Padres y Madres que he impartido estos últimos años he detectado que, efectivamente, uno de los problemas más frecuentes es que no tenemos suficiente confianza en nosotros mismos y en nuestras propias capacidades. Esto es algo que debemos empezar a cambiar si queremos educar mejor, porque cuando estamos convencidos de que podemos, de que realmente somos capaces, nuestras posibilidades son ilimitadas y podemos lograr lo que nos propongamos. En cambio si nuestra actitud es temerosa e insegura y actuamos sin confianza ante nuestros hijos, sin querer les transmitiremos tanto a ellos como a quienes nos rodean un mensaje claro: «ya no podemos más» o «ya no sabemos qué hacer con él». De este modo estaremos asentando los cimientos de un fracaso educativo asegurado.

Comprendo que hay situaciones muy difíciles y agobiantes. Es en esos momentos cuando debes pedir ayuda. Ante todo mantén la confianza en que las cosas pueden ser diferentes y en que eres tú quien tiene la capacidad de cambiarlas.

Contesta con sinceridad esta cuestión:

> *¿Crees que no puedes hacer nada para cambiar la situación educativa que se vive en tu casa en estos momentos*, y que hagas lo que hagas todo va a seguir igual?

Si crees que todo seguirá igual es esta la actitud que debes trabajar y empezar a cambiar. El cambio puede producir resultados asombrosos... Comprobarás que si quieres que las cosas cambien debes ser tú quien introduzca ese cambio.

No dejes que nada ni nadie te haga perder la confianza en ti mismo. En ocasiones algún familiar, amigo o el profesor de tu hijo puede mostrarte que no estás actuando correctamente en tu acción educativa diaria. Esto no debe llevarte a considerarte un «fracasado» en tu rol de padre. Al contrario, debes tomarlo como una oportunidad que te ayude a reflexionar sobre tu manera de actuar. Un consejo:

> Cree en ti mismo. ¿Cómo quieres que los demás crean en ti si tú no lo haces?

Comprobarás que si actúas con seguridad y confianza todo CAMBIA... a mejor.

 Consejo de experto (por Anne Bacus)[4]

En esos momentos, cuando la gente te mira con desdén y desconfianza, si no con lástima, y cuando te inundan de consejos («si fuera yo...») y críticas («no te lo tomes a mal, pero...») es cuando hay que detenerse unos instantes y pensar: «el responsable soy yo. Yo soy la madre o soy el padre. Soy yo quien decide lo que hay que hacer con mi hijo».

---

4. *100 Ideas para que tus hijos obedezcan*, Anne Bacus, Ed. ONIRO.

Sentirte confiado en tu capacidad para educar es importante por dos motivos fundamentales:

1. Te sentirás bien con lo que estás haciendo. No se trata de hacerlo a la perfección, sino de la mejor manera posible.

2. Ser padres que actúan con confianza transmitirá confianza y seguridad a tus hijos.

Autosabotaje educativo

> *«Somos aquello en lo que creemos».*
>
> Wayne W. Dyer

Fruto de los miedos, inseguridades y de esta pérdida de confianza en nosotros mismos para educar, ponemos en marcha un complejo mecanismo de autosabotaje que nos hacer ver las cosas de manera negativa y dejamos que se asienten en nosotros una serie de creencias limitantes que nos paralizan: «ya no sé qué hacer», «no sé de qué forma actuar», «no sé educar», «soy un fracaso total como padre», «no puedo hacerlo peor»... Esto es algo que debemos cambiar de inmediato si queremos tener éxito en nuestra tarea educativa pues de lo contrario acabaremos asumiendo estas creencias.

Pero, ¿de qué forma podemos combatir este autosabotaje? Es más sencillo de lo que parece. Aquí te dejo algunas ideas para conseguirlo:

Mensajes positivos = ÉXITO. Empieza a cambiar los mensajes negativos por otros más positivos que te ayuden a convencerte de que realmente tienes la capacidad de hacer bien las cosas y educar bien a tus hijos.

Mensajes negativos = FRACASO. Si crees que algo va a salir mal, acabará saliendo mal. Si nuestra actitud es de miedo e inseguridad con nuestros hijos y el entorno, acabaremos transmitiendo esta inseguridad a nuestros hijos, ya que somos el espejo en el que se miran.

No aspiremos a ser padres perfectos. Debemos asumir que, a pesar de nuestros buenos deseos e intenciones de hacerlo bien, estamos expuestos a que algo salga mal y no pasa absolutamente nada.

Evita compararte con otros padres y madres. Cada uno hace las cosas a su manera.

Aprovecha tus errores y conviértelos en oportunidades para aprender, mejorar y crecer en tu rol de padre.

Confía también en tus hijos

Si es importante que confíes en ti mismo no lo es menos que confíes en ellos, en tus hijos. La confianza es una poderosa herramienta a la hora de educar. El mundo científico ha demostrado que la confianza en los más pequeños influye en su desarrollo futuro. En palabras de la profesora de ESADE Marta Grañó (@MartaGranyo):

> Es importante confiar y ser capaz de transmitir a un niño que crees firmemente que va a conseguir aquello que se propone. ¿Por qué? Por la simple razón de que esa confianza es una fuente de motivación muy potente para que el niño canalice sus esfuerzos hacia los objetivos que quiere lograr.

> Confiar en los demás no es algo fácil. Mucha gente suele partir de la base de la desconfianza. En el ámbito educativo es probable que sea más fácil desconfiar de los alumnos o de los hijos y actuar bajo las premisas de que no se van a esforzar por hacer lo que se les indica.

> ¿Por qué deberíamos confiar en los alumnos o en los hijos? Es necesario confiar en ellos porque la confianza les ayudará a desarrollar su autoestima y les hará crecer.

La afirmación no es gratuita. Existen estudios científicos que demuestran la correlación entre el hecho de tener confianza en un niño y el desarrollo futuro que va a tener ese niño. Cuanta mayor confianza haya en un niño, mayor probabilidad de éxito en conseguir sus metas. El neurocientífico Joaquín Fuster comenta, además, la importancia de la relación entre el alumno y su profesor para la formación, dado que la aceptación que recibe el alumno del profesor refuerza más la necesidad de recibir información, le estimula a querer aprender más.

Confiar en los niños es promover en ellos una seguridad necesaria para su desarrollo. Los educadores, profesores y padres, podemos ayudar a los niños si les animamos a esforzarse por conseguir aquello que quieren. Es positivo confiar en ellos y demostrarlo. ¿De qué forma? No es complicado.

 Consejo de experto (por Marta Grañó)

5 consejos para demostrar que confías en tus hijos por

1. Dale cariño: la autoestima en los niños aparece como resultado de sentir cariño de su entorno, de sentirse queridos. Es el primer peldaño imprescindible para demostrar confianza.

2. Dedícale atención: dedícale tiempo y con atención completa. Pocas acciones tienen un retorno tan alto como la atención a los niños. Invertir tiempo en compartir juegos, conversaciones o risas… demuestra que son importantes en tu vida.

3. Permítele cometer errores: deja que tenga iniciativa para atreverse con temas nuevos, para poner en práctica sus ideas. Y si se equivoca… no pasa nada. Es preferible que se equivoque y aprenda de sus errores a tener la actitud de «deja que yo lo haga» o «eso que quieres hacer es imposible».

4. Felicítale por lo positivo que consigue: cuando alcanza un logro, es importante hacerles sentir hábiles y capaces. Ello les dará confianza para perseguir su siguiente logro.

5. Hazle sentir que estás seguro de que lo conseguirá: los niños saben muy bien cuando alguien cree en su potencial. Este es un elemento de satisfacción para ellos y a la vez de presión que les empuja a conseguir su objetivo, para no defraudar a esa persona que cree en él.

Eliminar el sentimiento de culpa

Los niños tienen derecho a tener unos padres imperfectos.

GREGORIO LURI

Vivimos en una sociedad muy exigente que nos impulsa a buscar la perfección en todo lo que hacemos. También en nuestra acción educativa. Por este motivo, a la hora de educar nos invade un sentimiento constante de culpabilidad por todo: porque no tenemos tiempo, porque creemos que no atendemos lo suficiente a nuestros hijos, porque no pasamos suficiente tiempo con ellos... Tal es así que nos culpamos hasta por los errores y caídas de nuestros hijos asumiendo que lo ocurrido es culpa nuestra. Veamos algunos ejemplos:[5]

Te sientes continuamente culpable. A veces, me acuesto llorando porque me preocupa saber si estoy haciéndolo bien como madre. Algunos días pienso que no lo hago muy bien.

En ocasiones caigo en la cuenta de que soy egoísta porque antepongo mis necesidades a las de mis hijos. Pero a veces solo quiero tener mi espacio y mi tiempo, y mis hijos son muy exigentes. Sin embargo, después me siento culpable hasta por haberlo pensado.

---

5. Extraído del libro *Familias felices. El arte de ser padres*, Autores Varios, Desclée De Brouwer.

Consejo de experto (por Nacho Calderón[6])

Todos los padres quieren lo mejor para sus hijos y se esfuerzan diariamente. ¿Significa esto que lo consiguen? ¿Siempre aciertan y siempre hacen lo correcto y lo mejor por sus hijos? Ni mucho menos: somos humanos. Ser humano implica inevitablemente cometer errores, pero esto no nos puede llevar a la idea de que estamos incapacitados para ser padres.

Estos son algunos consejos que te ofrezco para que empieces a eliminar este sentimiento de culpa:

Asume que no eres un padre perfecto. No existen los superpapás ni las supermamás. Debes asumir tus errores y equivocaciones con naturalidad. Lo haces lo mejor que puedes: esa es la base de cualquier aprendizaje. Y educar a nuestros hijos es precisamente eso, un aprendizaje continuo.

No hay tiempo para todo. Por tanto, se trata de aprender a establecer un orden de prioridades.

Céntrate en lo que sí que haces con tu hijo y no pongas el foco en lo que dejas de hacer con él.

Cuando dediques tiempo a tus hijos que este tiempo sea de calidad. No se trata de compartir habitación o estancia en la casa sino de estar presentes al cien por cien con ellos.

Somos nosotros los que debemos adaptarnos al horario del niño y no al revés.

No intentes superar el sentimiento de culpa con todo tipo de regalos pues es un gran error.

Como puedes observar, en muchas ocasiones este sentimiento de culpa viene motivado por no disponer del tiempo suficiente

---

6. *Educar con sentido 1*, Nacho Calderón, Colección Educar con sentido.

para **estar** con nuestros hijos. Como muy bien destaca la psicóloga Silvia Álava:

> Lo importante es la calidad del tiempo que pasamos con el niño, no la cantidad, pero sí hay que cumplir con una cantidad mínima.

3 claves para gestionar el tiempo si tienes hijos

Los que tenemos hijos nos solemos quejar frecuentemente de que no tenemos tiempo para nada, que al día le faltan horas… Ya no sabemos qué hacer para estirar el tiempo y llegar a todo. Nos invade una sensación permanente de *no poder hacer todo lo que tenemos por hacer*. Y es que si algo he aprendido desde que tengo hijos es precisamente eso: aprovechar al máximo cada minuto de mi vida y no permitirme el lujo de perder el tiempo. No hay nada más triste que escuchar a alguien decir: aquí estoy, pasando el rato o matando el tiempo.

El tiempo es el que es y el día no tiene más de 24 horas por mucho que nos quejemos. Pero vivimos en un mundo de prisas, de urgencias y obligaciones. Lo que ocurre es que hay personas a quienes esas 24 horas les cunden muchísimo más que al resto, y no me estoy refiriendo a los ejecutivos gurús de la gestión del tiempo, sino a los padres como tú y como yo que sacamos el tiempo de donde sea para educar, atender y estar con nuestros hijos. ¿De qué forma se puede conseguir esto? Llevando a cabo una eficiente gestión del tiempo. Te voy a desvelar tres CLAVES para conseguirlo:

1. Empieza eliminando los «ladrones de tiempo»

Cada cual tiene los suyos. Por eso debes identificar cuáles son los tuyos. De este modo podrás aprovechar al máximo ese tiempo que dedicas a tus hijos y cada segundo «de oro» que pases con ellos será un verdadero tiempo de calidad. Veamos algunos ejemplos de «ladrones de tiempo»:

➤ Reuniones innecesarias que debes saber aplazar o eliminar de tu agenda porque no te aportan nada.

➤ Durante el tiempo que estás con tu hijo deja a un lado tu smartphone, olvida las llamadas, e-mails, whatsapp... Vive al máximo ese momento con plena atención y dedicación.

➤ Apaga el televisor mientras estás con tu hijo y atiéndelo como se merece.

Se me ocurren muchísimos más pero debes ser tú quien identifique tus propios ladrones de tiempo para empezar a eliminarlos, y lograr que ese tiempo que pasamos con nuestros hijos sea de prioridad absoluta. De esta forma transmitiremos a nuestros hijos un mensaje necesario: **«en este momento tú eres lo más importante y por eso te atiendo como mereces: solo estoy para ti»**. Nada de llamadas, mensajes, etc.

2. Busca estrategias para compartir el tiempo

Busca momentos donde poder compartir el tiempo con tus hijos: pueden ser situaciones cotidianas como, por ejemplo, mientras estamos comiendo o preparando la comida. Podemos convertir momentos cotidianos en **momentos especiales**. Dedica una parte del día para preguntarle cómo le va, qué es lo que ha hecho, qué cosas buenas le han pasado durante la jornada, etc. Del mismo modo cuéntale tú también cómo te ha ido a ti. Es una buena oportunidad para favorecer el diálogo y la comunicación con tus hijos.

3. Para poder dedicar tiempo a nuestros hijos también es necesario que gestionemos su tiempo

No podemos sobrecargarlos de actividades extraescolares sin sentido solo para tenerlos «ocupados». Es necesario dejar «huecos» en su agenda y que tengan tiempo para **estar** con nosotros, con sus amigos, con sus abuelos... Lo afirman Pilar Guembe y Carlos Goñi: «la mejor actividad extraescolar a la que podemos apuntar a un niño es a la de pasar tiempo con sus padres y jugar». No hay ninguna duda.

Es importantísimo educar con nuestro ejemplo, ya que somos un modelo para nuestros hijos. No podemos transmitirles nuestras prisas y urgencias. **Si no somos capaces de gestionar nuestro propio tiempo no esperemos que ellos lo hagan.** Lo único que conseguimos es que unos y otros perdamos minutos, horas, días o semanas de poder disfrutar juntos. Y, como se suele decir, el tiempo que pasa no se recupera, no vuelve. De ahí la importancia de educar (y educarnos) en **vivir en el momento presente** sin las ataduras del pasado ni la proyección y urgencia del futuro. Empieza ahora mismo: cierra el libro, deja a un lado tus obligaciones y ponte a jugar con tu hijo. Vive y disfruta al máximo este momento…Tu tiempo es el mejor regalo para tus hijos.

Ejemplo. Vamos a jugar con la cometa[7]
Cuando mi hijo era muy pequeño, alrededor de los cinco o seis años, yo viajaba mucho. Me preocupaba sobremanera la influencia que pudiera llegar a tener esa ausencia en su vida según fuera creciendo, por no hablar de lo que me costaba estar lejos de él y perderme todos los pequeños hitos de su infancia. Pero yo era consciente de lo importante que es para un niño tener a su padre cerca. Mi propio padre, aunque muy presente en mi vida, era callado y más bien reservado, por lo que yo apreciaba sobre todas las cosas los momentos especiales que pasábamos juntos, aquellas ocasiones en las que conectábamos al margen de los rigores de la vida cotidiana, que le robaban tanto tiempo. Yo adoraba aquellos momentos especiales e incluso hoy sigo atesorando esos recuerdos. Decidí que, ya que no podía pasar tanto tiempo como me gustaría con mi hijo, iba a hacer un esfuerzo consciente por crear ese tipo de momentos especiales entre nosotros dos. Un

---

7. Robert Dixon. Según el relato hecho a Zan Gaudioso. Fuente: *Sopa de Pollo para el alma de los padres. Relatos sobre el amor, el aprendizaje y la condición de los padres*, Jack Canfield, Mark Victor Hansen, Kimberly Kirberger, Raymond Aaron.

año tuve que estar en Europa durante la mayor parte del verano, una de las épocas que más me costaba pasar fuera. Mi hijo no tenía clases y, para todas las familias, eran las vacaciones. Mi mujer trataba de suavizar la separación mandándome desde casa pequeños paquetes en los que metía fotos y notitas de mi hijo. En una ocasión me envió una chocolatina con un mordisco y una nota en la que se leía: «Comparto mi golosina contigo».

En una de mis cartas le prometí a mi hijo que le enseñaría a volar una cometa. Iríamos a una playa cercana y la haríamos volar tan alto como fuese posible. En mis viajes yo guardaría cosas para nuestra cometa y se las enviaría. Compré un par de manuales sobre cómo construir una cometa y se los mandé. Encontré madera de balsa y le envié un trozo empaquetado con mucho cuidado. Poco a poco, en cada carta o paquete que enviaba a casa, iba algo para nuestra cometa. Hacia el final de mi viaje, tuve que ir a Japón. Allí di con una preciosa seda azul bordada con hilo de oro. Era un material perfecto para la cometa. Lo envié a casa. Encontré también unos cordeles de colores fuertemente trenzados que resultarían perfectos para la cola. Los mandé a casa, junto con una pequeña figura de Buda que serviría de peso. Le dije que no tardaría mucho, que ya estaba de camino.

Llegué a casa una noche, muy tarde. Me metí en el cuarto de mi hijo y lo encontré profundamente dormido, completamente rodeado de todas las cosas que le había mandado para nuestra cometa.

Toda la semana siguiente la pasamos trabajando en nuestra obra maestra. Disfruté de cada momento. Todos los días había un rato reservado para estar los dos solos, en el garaje, después de cenar.

Al fin, un día la terminamos. Era preciosa. La seda azul la hacía muy elegante, parecía más una cometa de exhibición que un juguete. Hice todo lo que pude para evitar que mi hijo durmiera con ella aquella noche. «No querrás tumbarte encima y romperla, ¿no?» Él, pacientemente, intentó explicarme que no había ninguna posibilidad de que hiciera eso, porque, aunque estuviera profundamente dormido, en el fondo sabría que la cometa estaba allí y dormiría con cuidado. Al final accedió a dejarla en una silla, al lado de su cama. «Mañana iremos a jugar con ella, ¿verdad, papá?»

«Si el tiempo nos lo permite, sí.» Le expliqué que se necesita viento para que la cometa se levante del suelo. Sinceramente, tenía miedo de que hubiese pasado el buen tiempo. Hasta parecía que iba a llover.

«Mañana la volaremos, porque voy a rezar con todo mi corazón para que haga el mejor tiempo para las cometas.» Cuando, más tarde, fui a ver cómo estaba, vi que había acercado la silla a su cama y que estaba durmiendo con la mano apoyada en su cometa.

Al día siguiente, el tiempo estaba dudoso. No soplaba ni la más mínima brisa. Mi hijo entró en la sala con la cometa en la mano. «¡Vamos, papá!» Salimos afuera. Yo tenía mis dudas, pero él estaba listo. Mientras íbamos hacia la playa, seguía sin hacer nada de viento. En cuanto pisamos la arena, se levantó un fuerte viento, de modo que pudimos elevar la cometa sin problemas. El viento siguió soplando, hizo un precioso día de sol y nos lo pasamos entero volando la cometa. «Te lo dije, papá.» Él tenía razón.

Ahora mi hijo ha crecido y tiene sus propios hijos. El otro día quedamos para tomar un café. Aunque el mundo gira a toda velocidad a nuestro alrededor seguimos intentando sacar tiempo para estar juntos. Mientras nos tomábamos el café, mencionó que tenía algunas fotografías nuevas de su hija que quería darme. Cuando sacó la cartera para buscarlas, algo se cayó. Me incliné para recogerlo y dárselo. De pronto, caí en la cuenta de qué era lo que mi hijo guardaba en su cartera y los ojos se me llenaron de lágrimas. Cuando se lo di, él me sonrió. Una oleada de recuerdos nos inundó a los dos mientras él se guardaba en la cartera su tesoro: un trocito de seda azul bordada con hilo de oro.

¿Nos proyectamos en nuestros hijos?

Concéntrate en el hijo que tienes delante,
y no en la fantasía del que te hubiese gustado tener.

Una de las preguntas que nos planteamos con mayor frecuencia cuando esperamos un hijo es la siguiente: ¿cómo será nuestro hijo? Inmediatamente empezamos a pensar y a especular intentando dar respuesta a esta cuestión. Nos decimos cosas como «será de esta forma o de aquella», «tendrá esto o lo otro», «será lo que yo no he podido ser», «tendrá todo lo que yo no he podido tener» y así un largo etcétera de ideas que inundan nuestros pensamientos a la espera de que llegue ese niño que aguardamos con tanto deseo y alegría.

En el mismo instante en que empezamos a plantearnos todas estas cuestiones ya estamos proyectando un futuro hipotético que aún no ha llegado y que, si no se cumple como nosotros imaginamos empezarán a surgir problemas, desilusiones y conflictos. ¿Por qué motivo? Porque, al imaginar cómo será nuestro hijo, estamos demostrando que deseamos que sea como nosotros queremos que sea y no vamos a dejar que llegue a ser «él mismo». Y esto es un auténtico error.

Por desgracia hoy en día hay muchos padres que consciente o inconscientemente actúan de este modo. Todos hemos escuchado en algún momento afirmaciones de este tipo:

> Quiero apuntar a mi hijo a música porque yo toco el piano y me gustaría que él también lo hiciera.

> Quiero que mi hija sea actriz y la llevaré a todos los *castings* que haga falta para conseguirlo, ya que era mi ilusión cuando era niña.

> Quiero que mi hijo estudie una carrera y llegue a ser alguien en la vida.

Los padres que hablan y actúan así no están preocupados por la educación de sus hijos, no ven su educación como un proceso en el que ofrecerles unas herramientas que les ayuden a crear su propio proyecto de vida, sino como un medio para gratificar y alimentar su propio ego. Nuestro ejercicio parental no va encaminado a diseñar el futuro de nuestros hijos, sino que debemos ayudarles a extraer lo mejor de sí mismos aprovechando su talento y potencial. Solemos proyectar en nuestros hijos nuestras dudas, miedos y frustraciones que muchas veces son motivo de desdicha e infelicidad. ¿Recuerdas la película *Billy Elliot*?

Tenemos que aceptar a nuestros hijos tal como son. Esto no significa que nos deba gustar todo lo que hacen y cómo lo hacen ni tampoco su forma de comportarse. Para eso estamos los padres, para ofrecerles pautas y herramientas que les ayuden a crecer y evolucionar pero siempre dejando que sean ellos mismos: como personas únicas e irrepetibles.

A veces me da la sensación de que tanto en las familias como en la escuela **el gran olvidado de la educación es el niño**. Y esto es un problema que debemos resolver con urgencia.

Los hijos no son propiedad de los padres y no deben cumplir con las expectativas y proyectos de estos, sino que ellos deben tener y asumir sus propios proyectos.

Javier Urra

¿De qué forma educas? Estilos educativos

Como ya he destacado anteriormente, somos padres antes de que nuestro hijo nazca. La educación se inicia mucho antes del nacimiento no solo por la influencia que el niño percibe durante el periodo de gestación, sino por las ideas previas que los padres tenemos sobre cómo lo vamos a educar.

Una de las preguntas que suelo plantear a las madres y padres que asisten a mis Escuelas de Padres es la siguiente: «Y tú, ¿cómo educas?». Entonces iniciamos un proceso de reflexión y análisis conjunto en el que madres y padres intentan reconocer e identificar cuál es su propia forma de educar a sus hijos, o lo que es lo mismo, cuál es su estilo educativo.

Se han hecho muchísimas clasificaciones de estos estilos educativos o de la manera como criamos a nuestros hijos. Es importante destacar la relevancia de estos estilos educativos ya que el estilo que adoptamos influye en el desarrollo de nuestros hijos y determina la adquisición de diversos hábitos.

Las madres y los padres estamos cansados y saturados de teorías pedagógicas y lo que buscamos son herramientas útiles y válidas que nos ayuden en nuestra tarea educativa diaria. Por este motivo, cuando planteo este tema siempre me gusta que los padres lo analicen desde una perspectiva real y práctica, identificando el estilo que suelen emplear (siempre aproximado) para saber de qué forma actuamos con nuestros hijos y dónde nos queremos situar. Como muy bien destaca José Antonio Marina:

> Detectar cuál es nuestro estilo educativo es una de las mejores herramientas para conocer cómo educamos realmente. En qué aspectos funcionamos y en cuáles necesitamos mejorar de acuerdo con nuestros objetivos y con las necesidades de nuestro hijo.

Veamos detenidamente las características de cada uno de los diferentes estilos:

1. ESTILO EDUCATIVO PERMISIVO

La forma de actuar se resume en esta frase: «Todo vale. Haz lo que quieras que a mí me da igual». En este caso no hay normas: no hay horarios, exigencias o normas... Lo importante es «que el niño no moleste, mientras yo esté tranquilo…»

¿Qué ocurre si actuamos de esta forma?

➤ Aprenden a hacer lo que le da la gana y no entenderán un NO por respuesta.

> ➤ Serán poco responsables y evitarán hacer cualquier esfuerzo.

> ➤ No serán capaces de controlar sus impulsos y deseos inmediatos.

> ➤ Serán inmaduros y rebeldes.

2. ESTILO EDUCATIVO AUTORITARIO

La forma de actuar se resume en esta frase: «Se hace porque lo digo yo». Aquí se da todo lo contrario que en el anterior, hay un exceso de normas y se establecen castigos desproporcionados si no se cumplen. Son padres muy controladores que muestran poco afecto y algunos, para que los hijos obedezcan, llegan a hacer uso de la fuerza mediante la agresión verbal e incluso física.

¿Qué ocurre si actuamos de esta forma?

> ➤ El niño no aprenderá a distinguir lo que está bien de lo que está mal, simplemente aprenderá a obedecer y cumplir tus órdenes.

> ➤ Crecerá con miedos, inseguridades y falta de iniciativa personal.

> ➤ Tenderá a la impulsividad y la agresividad.

3. ESTILO EDUCATIVO SOBREPROTECTOR

Esta forma de actuar podemos resumirla en la siguiente frase: «Cuidado con eso que te vas a hacer daño…». Son padres que suelen impedir a sus hijos realizar ciertas actividades que podrían hacer perfectamente por sí mismos: ducharse, vestirse solos… porque según ellos sus hijos no saben hacerlo solos. Establecen una dependencia excesiva por lo que el niño siempre necesitará de la presencia de un adulto para sentirse seguro.

¿Qué ocurre si actuamos de esta forma?

➤ El niño no aprenderá a hacer nada por sí mismo, siempre estará esperando a que alguien lo haga por él.

➤ Crecerá con una serie de miedos, carencias y, sobre todo, inseguridades: jamás se sentirá capaz de hacer nada por sí mismo.

➤ Desarrollará menos competencias emocionales.

➤ Tendrá menos habilidades.

4. ESTILO EDUCATIVO RESPONSABLE

En inglés se conoce como *authoritative* que significa «autoridad justa». Se suele traducir como democrático. Lo podemos resumir en la siguiente frase: «Voy a enseñarte a que te desenvuelvas por ti mismo». De esta forma, los padres contribuyen a que el niño madure y se desarrolle plenamente aprovechando la disciplina como una oportunidad para educar, estableciendo normas y límites claros y proporcionados.

¿Qué ocurre si actuamos de esta forma?

➤ Promoveremos en el niño un ánimo optimista, alegre y valiente.

➤ Formaremos niños seguros de sí mismos.

➤ Los niños maduran social y emocionalmente, algo de especial importancia.

➤ En definitiva: le ayudamos a CRECER.

Ahora bien, si observas con detenimiento te darás cuenta de que no llevamos a cabo ninguno de estos ESTILOS EDUCATIVOS de manera «absoluta», es decir, vamos oscilando de unos a otros. Como muy bien destaca Carlos González:

> En la vida real las cosas no están ni mucho menos tan claras. Sí, hay verdadera ciencia detrás de esas generalizaciones; sí, determinadas conductas en los padres tienden a producir determi-

nadas conductas en los hijos…, pero es solo una tendencia. Está plenamente probado que el tabaco produce cáncer, pero la mayor parte de la gente que fuma no tendrá cáncer jamás, y muchas personas con cáncer no han fumado nunca. Criar hijos no es como cocinar: «mezcla huevos, leche y harina, métele en el horno y saldrá un bizcocho». Hay muchas maneras de criar a un hijo, y nunca sabes exactamente lo que va a salir.

> ☑ **Actividad.** En esta actividad te planteo a ti la misma pregunta: y tú, ¿cómo educas? ¿Con qué estilo educativo te sientes más identificado? Puedes realizar esta actividad por escrito en tu cuaderno.

7 cosas que no debemos hacer con un niño

A continuación enumero **7 cosas que no hemos de hacer jamás con un niño,** si de verdad queremos educarlo para sacar lo mejor de él y que se convierta en un adulto feliz:

1. **No prestarle atención, es decir, no dedicarle nuestro tiempo**. Debemos establecer muy bien nuestro orden de prioridades para dedicar el tiempo y atención que merece nuestro hijo. Una de las peores cosas que podemos hacer es no atenderlo, pues el mensaje que le transmitimos es el siguiente: me importas bien poco.

2. **Nunca debemos decirle que no le queremos o amenazarlo con que no lo vamos a querer.** El cariño y amor hacia nuestro hijo es innegociable e incondicional y no podemos usarlo como arma para chantajearlo. Si queremos que se porte bien podemos usar herramientas y recursos para ello, pero jamás debemos decirle que no le queremos o que vamos a dejar de quererlo.

3. **No coaccionarle ni imponerle ideas y conductas.** Debemos dejarles que evolucionen y, a medida que vayan cre-

ciendo y adquiriendo mayor autonomía, empiecen a tomar sus propias decisiones. Debemos dejar que sean ellos quienes las tomen (podemos aconsejar pero no imponer) y que aprendan que en esta vida todo tiene consecuencias… No somos dueños de su futuro, sino guías y acompañantes en el camino. Tenemos que saber cuándo empezamos a jugar un papel secundario y tomar distancia para que sean ellos quienes tomen las riendas de su vida.

4. **No tener en cuenta sus emociones, es decir, no dejar que expresen sus sentimientos y emociones.** Ha quedado demostrada la importancia de la educación emocional y el papel que desempeña en el éxito vital de las personas. Por este motivo debemos atender y dar respuesta de una manera adecuada al desarrollo emocional de nuestro hijo.

5. **Permitirle absolutamente todo.** No establecer normas y límites, dejando que el niño imponga su voluntad donde y cuando él quiera. Es un error pensar que con la permisividad más absoluta y no estableciendo límites nuestro hijo va a crecer y desarrollarse alcanzando su felicidad. Está demostrado que los niños necesitan escuchar de nuestra voz la palabra NO, pues les ayuda a comprender que viven y conviven en una sociedad que se rige por normas y no por un deseo irrefrenable de gratificación inmediata: «lo quiero aquí y ahora».

6. **No hacerle daño con tus palabras.** No uses palabras que puedan herir la sensibilidad, confianza y autoestima del niño. Por ejemplo: «¡déjame en paz!» o «eres tonto». Digamos lo que le digamos el niño nos va a creer, ya que somos sus padres y toman al pie de la letra aquello que les decimos los adultos. Mucho cuidado con nuestras palabras.

7. **Castigarlo físicamente.** El castigo físico es una manera errónea de poner fin a una conducta no deseada. No puede considerarse un «método educativo». No soluciona el comportamiento que deseamos inhibir en el niño, sino

que le estamos ofreciendo un modelo de conducta basado en la violencia y la agresividad. Como destaca la doctora en psicología Anne Bacus:

> Si no quieres transmitir el mensaje de que la mejor manera de poner fin a un conflicto es pegar al otro, no pegues a tu hijo.

Los cachetes no son eficaces porque no enseñan nada. De hecho, la conclusión de un estudio de la American Academy of Pediatrics[8] en la que manejan datos de 34.000 personas adultas de Estados Unidos destaca que el castigo severo en la infancia (empujones, bofetadas, golpes) está relacionado con el desarrollo de trastornos y enfermedades mentales en la edad adulta. Pilar Guembe y Carlos Goñi afirman:

> Un cachete a tiempo sigue siendo un cachete que trae sus consecuencias a destiempo.

 Consejo de experto (por Javier Urra[9])

Decálogo del buen padre

1. Amor paternal. Es imprescindible querer a los hijos y hacérselo saber en todo momento.
2. Disfrutar de los hijos. Hay que saber disfrutar de los hijos, pero también disfrutar con ellos.
3. Sonreír juntos. Fomentar el «piel con piel», compartir los sentimientos y sonreír en familia.
4. Educación. Compartir la tarea educativa con los profesores, implicándose en su formación.
5. Abuelos. Es importante dar cabida a los abuelos para que tengan una buena relación con sus nietos.

8. http://consumer.healthday.com/senior-citizen-information-31/misc-arthritis-news-41/el-castigo-f-iacute-sico-en-la-ni-ntilde-ez-se-vincula-con-problemas-de-salud-en-la-adultez-678318.html
9. *Respuestas prácticas para padres agobiados*, Javier Urra, Ed. La Esfera de los Libros.

6. Ocio saludable. Los padres deben inducir a sus hijos a realizar actividades que impliquen un ocio sano y saludable.

7. Deporte en familia. Practicar todo tipo de actividades deportivas entre padres e hijos.

8. Naturaleza. Inculcar a los hijos el amor por la naturaleza y disfrutar de ella en familia.

9. Aprender de ellos: Hay que saber aprender de los hijos si queremos llegar a ser buenos padres.

10. Naturalidad: El buen padre no debe querer ser excepcional ni obsesionarse con ello.

¿Nos preocupamos en exceso?

Como ya he destacado, actualmente vivimos en una sociedad de padres preocupados e hiperpreocupados. Muchas veces necesitamos a alguien que nos ayude, nos oriente y nos diga en qué estamos fallando, pero que también nos diga qué es lo que estamos haciendo bien, es decir, si nuestra acción educativa va en buena dirección. Uno de los grandes problemas con los que nos encontramos es que los «expertos» en educación tienden a transmitir un mensaje negativo: qué hacen mal los padres. Esto produce un sentimiento de angustia y culpabilidad en los mismos. Estamos obligados a cambiar el discurso. A mí siempre me gusta iniciar las Escuelas de Padres con un mensaje positivo y optimista que ayude a las familias a mejorar su autoestima educativa y elevar su confianza en sí mismas. El mensaje que intento transmitir es el siguiente:

> Ante todo mucha tranquilidad. Muchos os habrán dicho que lo estáis haciendo mal y continuamente os darán consejos y orientaciones con las mejores intenciones. No os preocupéis, lo estáis haciendo muy bien. Os equivocaréis, como todos, pero para eso estamos: para aprender y mejorar. Empezad a quitaros de enci-

ma ese sentimiento de culpa que tenéis. A lo largo del presente curso os voy a ofrecer pautas y herramientas que os ayudarán a hacerlo cada vez mejor. ¿Nos ponemos en marcha?

Normalmente los padres nos preocupamos por todo (sobre todo aquellos que son primerizos). Te invito a que entres a cualquier foro de embarazadas o madres recientes y compruebes cuáles son las preocupaciones más frecuentes: la temperatura del agua para bañarlos, el sueño del bebé, si lo cogemos en brazos o no, si tiene catarro, por qué muestra agresividad y así un largo etcétera. A medida que los pequeños van creciendo las preocupaciones van en aumento y aparecen otros problemas bien distintos.

Recuerda lo que afirma el juez Calatayud:

> Niños pequeños problemas pequeños, niños grandes problemas más grandes.

Es algo totalmente normal y habitual. De hecho en un estudio estadounidense se destaca que el 65% de los padres novatos están obsesionados por que le pueda suceder algo malo a su bebé.

¿Por qué tanta preocupación y miedo?

Como vemos, este miedo y preocupación son algo totalmente normal. Existen numerosos estudios que intentan dar una explicación al respecto. Me gustaría presentarte algunos de ellos:

➤ Un estudio publicado en *Neuroscience & Biobehavioral Review* en el que se destaca que la reacción de miedo después de haber tenido un hijo podría ser un vestigio evolutivo de nuestro pasado, cuando el embarazo y la primera infancia eran muy peligrosos: infecciones, agresiones, accidentes..., con una alta tasa de mortalidad.

> ➤ Otro estudio destaca que el cerebro y las hormonas cambian durante la crianza de los hijos para que estemos alerta y les protejamos.

Recuerda. Cierto nivel de preocupación puede ser el modo en que la naturaleza te prepara para la maternidad.

Como ves, la preocupación que tenemos es algo normal pero podemos convertirla en algo desmesurado y contraproducente, porque muchas veces este exceso de preocupación puede dar lugar a que sobreprotejamos a nuestros hijos y dar paso también a una continua autoculpa. Por tanto, proteger y preocuparnos, sí; sobreproteger, no.

¿Qué podemos hacer?

Es momento de que empecemos a trabajarnos a nosotros mismos, nos dejemos de preocupaciones y de anticipar problemas que jamás se nos van a presentar, si queremos que nuestros hijos crezcan y se desarrollen con naturalidad para convertirse en personas felices y responsables. Mi consejo principal: actúa con naturalidad. No busques recetas mágicas y rápidas para educar porque no existen.

La educación no debemos vivirla como un proceso angustioso, sino tomarla como una oportunidad de disfrutar «de» y «con» nuestros hijos. Criar a los hijos debe ser un placer, no un sacrificio. No hay tiempo que perder, nuestros hijos nos necesitan y nosotros somos sus referentes. ¿Qué ocurrirá si sus referentes estamos siempre cargados de dudas y temores?

Actividad.
Contesta estas preguntas con sinceridad:
- ¿Cuál es tu opinión sobre el exceso de preocupación?
- ¿Crees que realmente nos preocupamos tanto?
- ¿Cuáles son tus preocupaciones más frecuentes en la educación de tus hijos?
- ¿De qué forma das solución a estas preocupaciones?

Educar en positivo

Más que nunca, para educar hoy es necesario que actuemos con optimismo, alegría y entusiasmo, mostrando siempre nuestra mejor sonrisa, porque esto es lo que vamos a transmitir a nuestros hijos. ¿Quieres que tus hijos vivan y crezcan en un ambiente donde predominan las risas, la alegría, el «buen rollo» o, por el contrario, en un ambiente donde todo se critica, hay malas caras y predominan las discusiones? Vamos, yo lo tengo muy claro…

Aunque cada uno de nosotros tenemos nuestro carácter y personalidad, a ser optimista se aprende y enseñar a serlo entra dentro de nuestro papel y responsabilidad como educadores. Veamos de qué manera podemos llevarlo a la práctica:

1. Sonreír

No me cansaré de repetir que nuestro estado de ánimo (y también el de los que tenemos cerca) puede cambiar simplemente con una sonrisa (o mejor aún, riendo). Es necesario que, a pesar de las dificultades y problemas diarios, eduquemos a nuestros hijos siempre con una sonrisa. La sonrisa es contagiosa y con ella lo que transmitimos es optimismo y alegría.

2. Eliminar las quejas

Nuestras palabras no solo describen la realidad sino que la crean. Si nuestra manera de reaccionar ante las adversidades que se nos presentan es la queja y el victimismo, esto es lo que acabaremos transmitiendo a nuestros hijos. Debemos explicarles y mostrarles que la queja no te ayuda a avanzar, no soluciona tus problemas y además genera un estado mental y emocional negativo. Por tanto, de nada sirve quejarse y lo que debemos transmitir a nuestros hijos es la capacidad que tenemos de elegir cada momento y de qué forma lo queremos vivir: si como una queja o como una oportunidad para seguir creciendo. Podemos elegir. En palabras de Tal Ben-Shahar:

> La elección desata el potencial de cada momento. Una vez que eres consciente del potencial de cada momento, tu vida gana fuerza, se vuelve trascendental. Cuando un momento es importante, la vida es importante.

Viéndolo así, no podemos perder ni un minuto en quejarnos…

3. Actuar con sentido del humor

En la vida se nos van a presentar múltiples situaciones adversas y reveses que tendremos que afrontar. Nuestros hijos tienen que aprender la importancia de las cosas desde un punto de vista distinto, afrontando los problemas con optimismo, restándoles importancia y desdramatizando las situaciones. Nosotros debemos ser un ejemplo vivo de esto, ya que somos los primeros que lo tenemos que poner en práctica cuando afrontamos situaciones cotidianas a las que damos excesiva importancia. Como destaca Patch Adams:

> Lo que no es de humanos es la seriedad. No conozco una sola enfermedad que se cure con la seriedad, con la ira o con la apatía. No llegaremos muy lejos si nos ponemos serios. Lo más curativo es el amor, el humor y la creatividad.

Como la educación es un proceso que va en dos direcciones, también podemos y debemos aprender de nuestros hijos a ser optimistas.

☑ **Actividad.** Estas son algunas actividades que podemos llevar a cabo para educar en positivo y fomentar el optimismo:

- Programa actividades en familia donde la risa y el humor estén presentes: juegos de mesa, teatro, actuaciones musicales, etc.

- Afrontar con humor situaciones del día a día que parecen importantes: apréndelo de tus hijos, pues son unos excelentes maestros en este arte. La vida es demasiado importante para que nos la tomemos excesivamente en serio.

- Antes de ir a la cama pregúntale a tu hijo cuál ha sido su mejor momento del día. Aprovecha para contarle cuál ha sido el tuyo y el motivo por el que lo consideras así y qué has aprendido de ello.

Para educar: fuera estrés

La vida es demasiado corta como para tener prisa.

HENRY DAVID TOUREAU

Vivimos en una sociedad muy exigente que nos impone un ritmo de vida acelerado: el trabajo, la casa, los hijos… Analiza con detenimiento la cantidad de cosas que haces desde que te levantas hasta que te acuestas. Acabamos la jornada casi sin baterías. A este agotamiento físico debemos sumarle las preocupaciones y tensiones lógicas que suele generar criar a los hijos.

Como el objetivo de educar con talento es el de DISFRUTAR
EDUCANDO, voy a ofrecerte algunas claves que te ayudarán a
eliminar este estrés diario y te permitirán educar en las mejores
condiciones físicas y mentales.

> *Inicia tus mañanas con mensajes positivos,*
> *abrazos y besos. Evita el «date prisa» y «corre que*
> *llegamos tarde.*

Estrés y educación

El estrés es la reacción del cuerpo a un desafío o demanda. El
estrés no siempre es negativo. De hecho, puede ser incluso be-
neficioso, ya que nos da impulso para hacer cosas, tener iniciativa, etc. Pero cuando el estrés se mantiene durante mucho
tiempo puede dañar la salud. Además es posible que se convierta en un problema que termine afectando al resto de miembros
de la familia. Veamos de qué forma puede suceder esto:

➤ Afecta a la relación de pareja. Acabamos pagando con
   nuestra pareja la sobrecarga que llevamos (tanto física como emocional). La comunicación se resiente y aumentan
   las discusiones.

➤ Influye también en los hijos. Muchas veces nuestro estrés
   lo acaban pagando los hijos, que tienen que soportar enfados, agresividad y el intento de arreglar las cosas a gritos. Hemos de tener mucho cuidado, pues, insisto: somos
   su modelo de referencia e imitan nuestra manera de decir
   las cosas, de actuar, etc. Por tanto, padres estresados = hijos estresados.

Educar sin estrés es posible. Y no solo es posible sino que es
absolutamente necesario.

Claves para educar sin estrés

Aprende a gestionar tu tiempo y organizar tus tareas. Para ello es necesario tener en cuenta:

- ➤ Tareas a compartir. La sobrecarga es la primera causa que produce el estrés. Por este motivo debemos buscar soluciones y que el peso de la casa y los hijos no recaiga en la madre únicamente, como generalmente suele suceder. Hay que organizar el día a día: la lista de la compra, la visita al pediatra, etc. Son tareas que pueden y deben repartirse.

- ➤ Es fundamental delegar. Hay que delegar, no podemos hacerlo todo nosotros. Es importante aprender a dejar algunas cosas en manos de otras personas y confiar en que van a hacerlo bien.

Todos debemos tener obligaciones, también los hijos. Pueden ayudarnos en algunas tareas sencillas (siempre adaptadas a su edad): guardar la ropa, hacerse la cama... Son pequeñas acciones que nos ahorran tiempo y sirven para que vayan adquiriendo hábitos que les serán muy útiles para ganar autonomía.

Aprender a priorizar. Hay que empezar a establecer prioridades, ya que llegar a todo es imposible. Ni todo es importante ni tampoco urgente.

Planificar. Dedicad un tiempo (en pareja) a planificar la semana, el mes... Organizad las actividades, citas y salidas que tengáis previsto realizar esa semana, pero siempre con mucha flexibilidad, ya que con niños nunca se sabe lo que puede pasar.

Buscad ayuda externa si es necesario. Si no podéis con todo (y os lo podéis permitir) quizás podáis contratar una ayuda externa que os ayude con algunas tareas de la casa aliviando un poco esa sobrecarga. Es una opción más que debéis contemplar.

> **Clave.** Como veremos más adelante, es fundamental dedicarnos un tiempo a nosotros mismos y cuidar la relación de pareja sin sentirnos culpables por ello. Todos necesitamos un respiro, un breve paréntesis en el que realicemos actividades que nos hagan desconectar de la rutina diaria: leer, pasear, escuchar música, hacer deporte...

Tiempo para el relax

➤ Dedica unos minutos del día para el relax. Puede ser a primera o a última hora del día.

➤ Existen múltiples técnicas de relajación-respiración-meditación que te ayudarán a conectar contigo mismo.

➤ No hace falta que dediques una hora a hacer yoga o meditación: con unos minutos bastará. Conecta con el momento presente.

➤ Puedes descargarte alguna aplicación en tu smartphone que te irá guiando en el proceso, e incluso llevar un registro de todas las sesiones de meditación-relajación que vas haciendo.

➤ También te recomiendo que uses la música como un medio para relajarte y conectar contigo mismo. Te ayudará a cargar las pilas.

#Leído en internet

Lo mejor eres tú[10]

Lo mejor no es el pecho. Lo mejor tampoco es el biberón. Lo mejor no es que lo cojas. Lo mejor tampoco es que lo dejes de

---

10. Jaione en «Más allá del rosa o azul»: http://www.masalladelrosaoazul.com

coger. Lo mejor no es que lo tumbes así. Lo mejor tampoco es que lo tumbes del otro modo. Lo mejor no es que lo tapes de una forma. Lo mejor tampoco es que lo tapes de la otra forma. Lo mejor no es que lo abrigues con esto. Lo mejor tampoco es que lo abrigues con aquello. Lo mejor no es que le des purés. Lo mejor tampoco es que le des trozos. Lo mejor no es lo que te dice tu madre. Lo mejor tampoco es lo que te dice tu amiga. Lo mejor no es que esté con una niñera. Lo mejor tampoco es que vaya a la guardería o esté con abuelos. Lo mejor no es que siga ese tipo de crianza. Lo mejor tampoco es que siga ese otro estilo de crianza.

¿Sabes lo que realmente es lo mejor?

LO MEJOR ERES TÚ.

Lo mejor es lo que a ti te hace sentir mejor. Lo mejor es lo que tu instinto te dice que es mejor. Lo mejor es lo que a ti te ayuda a estar bien también. Lo mejor es lo que te permite a ti ser feliz con tu familia. Porque si tú estás bien, ellos reciben lo mejor.

Porque lo mejor eres tú. Porque si tú te sientes segura, ellos también se sienten seguros.

Porque si tú crees que lo estás haciendo bien, tu tranquilidad y felicidad les llega a ellos.

PORQUE LO MEJOR ERES TÚ.

Dejemos de intentar decir a cada madre / padre qué es lo mejor.

Porque lo mejor realmente para tus hijos eres tú.

#4 citas en las que inspirarte

1. *Tener hijos es una de las experiencias más transformadoras y bellas de la vida, pero también es un compromiso con la vida misma.*
   Carmen Guaita

2. *Aprender y educar son seguramente las tareas más difíciles que debe abordar el ser humano.*

   MARÍA JESÚS ÁLAVA REYES

3. *La educación consiste en ayudar al niño a llevar a la realidad sus aptitudes.*

   Erich Fromm

4. *El bebé nace con la necesidad de ser amado... y nunca la supera.*

   FRANK A. CLARK

3

Recién nacido: ¡ya está aquí el bebé!

Para el mundo eres su madre, pero para tu bebé eres el mundo.

Si estás leyendo este libro mientras esperas un bebé ya habrás comprobado que no todo empieza cuando el niño nace. Como hemos visto en el capítulo anterior, tenemos que prepararnos bien para este «viaje» que empieza en el mismo momento que deseamos ser padres. En palabras de Rosa Jové:

> Muchas de las características personales de su bebé pueden fomentarse desde su estancia en el útero de su madre y también dependiendo de cómo se aborde el acto de nacer.

Como puedes ver, es de gran importancia planificar y preparar con tiempo el nacimiento. Cada vez más estudios apuntan hacia una importante y sorprendente sugerencia: añadir más meses al embarazo (al menos tres meses más para contar un año entero). Estos meses adicionales no serán de embarazo propiamente dicho sino de preparación para el embarazo. Cuanto más tiempo destinemos a esta preparación, mejor.

Recomendaciones:

> ➤ Compartid en pareja revistas y libros sobre el tema. Esto os ayudará a vivir el proceso con mayor tranquilidad, ya que os resolverá muchas dudas e inquietudes.

> ➤ Acudid juntos a las revisiones periódicas. Son momentos intensos que merecen la pena ser vivirlos en pareja compartiendo emociones.

> ➤ Organizad conjuntamente los preparativos con ilusión. La habitación, algún juguete, cambiador…

> ➤ Preparaos para el parto. Asistid a los cursos de preparación al parto. El papel del padre es muy importante. Por eso debe conocer muy bien el proceso y lo que allí «va a pasar» (tanto en el momento del parto como después del mismo).

Embarazo

El embarazo es una etapa muy especial en la vida de una mujer. Conocer lo que le espera durante los próximos nueve meses propicia un embarazo positivo y feliz.

Se trata de una etapa de especial sensibilidad. Todo ello es fruto de los grandes cambios tanto físicos como psicológicos que se producen a lo largo de los nueve meses que dura el embarazo. En algunos casos se precisa incluso de ayuda profesional (médico-psicólogo) para afrontar esta nueva situación. Es posible que necesite de un mayor apoyo durante estos meses. No lo olvides: tú y tu bebé sois ahora lo primero, y todo lo demás tendrá que adaptarse a ello. Un consejo que nos da la psicóloga Silvia Álava es:

> Una manera muy recomendable de quitarse esos miedos y ese nerviosismo es conocer de primera mano todo el proceso que queda por recorrer, tanto en la gestación como en los primeros meses de vida del hijo.

Papel del padre durante el embarazo

El papel del padre durante esta etapa es fundamental. Según Javier Urra:

> Tu pareja ha de propiciarte momentos agradables, no tensos. Su papel es fundamental. De alegría, de esperanza compartida, de ilusión, de acompañamiento, de ayuda, de sentir y transmitir co-participación. Ser feliz, escuchar, hablar, sonreír, ver las ecografías, participar en las compras, etc. Mil detalles son factibles y recomendables. Sentir las patadas y acompañar a su pareja a la preparación del parto, incluso hasta cortar el cordón umbilical son otras de las múltiples funciones que no ha de perderse.

No debemos olvidar tampoco que el padre también experimenta miedos durante el embarazo (sobre todo proyectando y avanzando el momento del parto: «¿Me dará tiempo a llegar al hospital?» o «¿cómo reaccionaré en el mismo momento del parto?»)

Lo realmente importante es que esté en todo momento al lado de la madre (acompañamiento) y participe en todo aquello que pueda. Es fundamental que desde el minuto cero empecéis a trabajar como un auténtico equipo.

Su papel en el momento del parto también es CLAVE (es importante que haya asistido a las clases de preparación). El padre puede ayudar de la siguiente forma:

➤ Apoyar y atender en todo momento a la madre, lo que ayudará a reducir su estrés y ansiedad.

➤ Hablando por ella si es necesario.

➤ Utilizando las técnicas de masaje suave aprendidas en las clases prenatales.

Después del parto aprovechad para intercambiar impresiones y compartir la felicidad del nacimiento de vuestro hijo. Expresad sin miedo vuestras emociones y sentimientos.

Consejo de experto (por Gabriel Dávalos)

Claves para afrontar la nueva paternidad:

- **ASUMIR LA NUEVA ETAPA** siendo conscientes de que el día a día dará un giro de ciento ochenta grados. Todo cambia: rutinas, tiempo de ocio, horario...

- **CONSENSUAR EL REPARTO DE LAS NUEVAS RESPONSABI-LIDADES**, evitando que un miembro de la pareja se sobrecargue y se sienta desbordado.

- **EVITAR IDEALIZAR LA PATERNIDAD** teniendo presente que será una etapa en la que abundarán el estrés, la frustración y los temores por la crianza al menos durante el primer año.

- **BUSCAR LA AYUDA** de abuelos, tíos canguro... al menos una vez a la semana para disfrutar de tiempo para uno mismo y para la pareja.

- **CONFIAR EN EL OTRO PARTE DE LAS TAREAS** del cuidado de los hijos, aunque creamos que nosotros lo hacemos mejor.

- **DIALOGAR Y PONER EN COMÚN LOS MIEDOS** relativos a la nueva situación como padres. Además de hacer partícipe a la otra parte de cómo nos encontramos, y de las cosas que nos molestan. Así resulta más fácil encontrar soluciones.

Disfruta tu embarazo

Posiblemente el mejor consejo que te puedo dar sobre el tema es este: disfruta al máximo tu embarazo pues, como bien destaca Rosa Jové:

> Quizás nadie se haya parado a investigar los efectos del disfrute del embarazo en su salud y en la del niño, pero mientras somos felices secretamos endorfinas y eso siempre tiene beneficios a corto, medio y largo plazo.

¿Por qué no probar entonces? Disfruta y vive al máximo cada minuto de tu embarazo y las molestias que vayan surgiendo considéralas como una parte circunstancial del mismo.

Llegamos a casa: bienvenidos al mundo de los padres

Ya ha pasado todo. Has estado esperando nueve meses y ha nacido tu pequeño. Es ahora cuando te das cuenta de que no todo acaba en el parto... Llegas a casa y te preguntas: ¿y ahora qué hacemos?

Con la llegada del bebé todo cambia: las prioridades, obligaciones, rutinas... Deberéis empezar a asumir vuestro nuevo rol: ahora sois padres y esto significa dedicar tiempo, cariño, atención y cuidados al bebé. Necesitáis un tiempo para conoceros y adaptaros a esta nueva situación. Vais a vivir momentos muy gratificantes y satisfactorios para disfrutar pero también es un periodo de incertidumbre, cansancio, agotamiento y preocupaciones.

Claves para los padres

> ➤ Repartíos el trabajo. Es esencial una distribución de las tareas/responsabilidades para que ninguno de los dos os sintáis sobrecargados. Lo ideal es funcionar como equipo. Es importante sentiros acompañados y apoyados el uno con el otro.

> ➤ Cuidad vuestro entorno. El exceso de visitas durante los primeros días es perjudicial ya que debemos buscar la máxima tranquilidad de la madre y que haya tiempo para que los padres os podáis ir adaptando a esta nueva situación.

> ➤ Dedicaos tiempo. No dejéis que la pareja pase a un segundo plano. Dedicad tiempo a divertiros, reír, hablar de otros temas que no sean el bebé y sus cuidados... Esto os

ayudará a relajaros, sentiros mejor y afrontar el cuidado del bebé con mayor energía.

El trípode educativo: pediatría y educación

Si bien las figuras de los padres y los docentes son fundamentales en la educación del niño, solemos olvidarnos de otra figura que es especialmente importante durante los primeros años de la vida de este: el pediatra. ¿Te has parado a pensar que en los primeros años de crianza la mayor parte de las preguntas y problemas se los planteamos a los pediatras? Por este motivo podemos afirmar que este trío compuesto por padres, docentes y pediatras constituyen el equipo pedagógico básico en estos primeros años.

En su magnífico artículo «La sociedad educadora»[11] José Antonio Marina señala que:

> ¿Es que me equivoco al pensar que el pediatra puede ayudarme a educar a mis niños? Escucho con frecuencia esta pregunta formulada por madres llenas de ansiedad. Las que se atreven a exponer sus preocupaciones tienen más posibilidad de encontrar ayuda. Muchos padres buscan desesperadamente apoyo y no saben dónde encontrarlo. Una de las personas a las que tienen tendencia a acudir es el pediatra o el médico de familia, alguien interesado por la salud física del niño. Esperan encontrar en ellos la misma atención hacia su salud mental.

Además, Brazelton afirma en su obra que los futuros pediatras reciben poca formación sobre la psicología del desarrollo del niño y de su educación, sobre lo que interesa a los padres y sobre la mejor manera de relacionarse con las familias.

Es importante destacar que el propio José Antonio Marina, desde la Universidad de Padres *online*,[12] ha establecido un acuerdo

---

11. http://www.joseantoniomarina.net/articulo/la-sociedad-educadora
12. www.universidaddepadres.es

de colaboración con la Sociedad Española de Pediatría Extra-hospitalaria (SEPEAP), y miembros de dicha asociación ya colaboran con algunas actividades que organiza la Fundación Universidad de Padres. Este camino es el que debemos seguir y por eso considero especialmente importante que se establezcan acuerdos de colaboración entre la Sociedad Española de Pediatría con las escuelas infantiles y los centros educativos. Debemos tomar conciencia de que es la sociedad entera la que educa.

Pareja y paternidad

Pasamos de pareja a padres, lo que supone una etapa de muchos cambios. En este proceso de pasar de pareja a padres se trata de poder sumar y conciliar ambos roles, asumiendo el nuevo sin abandonar el anterior.

Que seamos padres no significa que vayamos a dejar de ser personas y parejas: PADRE-PERSONA-PAREJA son tres dimensiones que precisan complementarse y alimentarse entre sí.

Los padres tenemos derechos

Así es, los padres tenemos derechos. ¿Te sorprende esta afirmación? Pues así es, los padres también tenemos derechos, algo que perdemos de vista frecuentemente. No se trata de desvivirse por los hijos y que estos siempre sean lo primero. En palabras de Maite Vallet:

> Desvivirse no ayuda a los hijos. Los hijos necesitan a alguien lleno de vida que les enseñe a vivir. No alguien que renuncie a su propia vida por los hijos, y que les pase factura por haber dejado de vivir.

Los padres también precisamos de…

➤ Tiempo para la pareja.

➤ Tiempo para nosotros: para leer, practicar algún deporte, pasear, meditar, etc.

➤ Invertir tiempo en nuestro bienestar psicológico.

Esto no significa que vayamos a pasar mucho menos tiempo con nuestros hijos. A algunos padres les invade un sentimiento de culpa por estar haciendo esto. Hemos de tener presente que actuar de esta forma no es una actitud egoísta por nuestra parte sino más bien todo lo contrario: si estamos bien con nosotros mismos manteniendo ese bienestar psicológico tan necesario, estaremos en plenas condiciones para afrontar nuestra intervención educativa y ofrecerles lo mejor a nuestros hijos.

Actividad. Planteaos las siguientes cuestiones:

• ¿De qué forma os distribuís el cuidado del hijo?

• Además de estar con el hijo, ¿cuidáis la relación de pareja?

• ¿Dedicáis tiempo a la comunicación entre la pareja? ¿de qué forma lo hacéis?

Recuerda. Todos los inicios son difíciles. Debéis acostumbraros a que todo no os va a salir bien a la primera. Vais a necesitar de mucha paciencia y comprensión mutua. Es la clave del éxito.

Educar desde el principio

Como ya he señalado en el capítulo anterior, es necesario empezar a educar desde los primeros días. No podemos esperar a hacerlo más adelante. Además, siempre me gusta destacar que no hay etapas educativas más importantes que otras. No podemos concentrar toda nuestra energía y esfuerzo para educar en la infancia y posteriormente en la adolescencia y, sin embargo, «desconectar» (educativamente hablando) en otras etapas como, por ejemplo, la preadolescencia. Todas las etapas son importantes y tenemos que estar siempre ahí, presentes. Cada edad o etapa es una preparación para la que sigue. Así lo explica Fernando Alberca:[13]

> Es un error grave y común dejar de actuar en una situación concreta porque se considere que el niño es pequeño y su conducta no tendrá tantas ni tan graves repercusiones, o bien porque es demasiado mayor y creemos que ya no podemos reconducir la situación.

 Consejo de experto (por Carles Capdevila)

Una siesta de doce años

Educar debe ser algo parecido a espabilar a los pequeños y frenar a los adolescentes. Justo al contrario de lo que hacemos: no es extraño ver a niños de cuatro años con cochecito y chupete hablando por el móvil, ni tampoco lo es ver de catorce sin hora de volver a casa.

Hemos dicho sobreprotección, pero es la desprotección más absoluta: el niño llega al insti sin haber ido a comprar una triste barra de pan, justo cuando un amigo ya se ha pasado a la coca.

Sorprende que haya tanta literatura médica y psicopedagógica para afrontar el embarazo, el parto y el primer año de vida, y se haga un hueco hasta los libros de socorro para padres de adolescentes, de títulos sugerentes como *Mi hijo me pega* o *Mi hijo se droga*. Los niños de entre dos y doce años no tienen quién les escriba.

---

13. *Guía para ser buenos padres*, Fernando Alberca, Editorial El Toromítico.

Desde que abandonan el pañal (ya era hora!) hasta que llegan las compresas (y que duren), desde que los desenganchamos del chupete hasta que te hueles que se han enganchado al tabaco, los padres hacemos una cosa fantástica: descansamos. Reponemos fuerzas del estrés de haberlos parido y enseñado a andar, y nos desentendemos hasta que nos toca ir a buscarlos de madrugada en la disco. Ahora que por fin volvemos a poder dormir, y hasta que el miedo al accidente de moto nos vuelva a desvelar, nos echamos una siesta educativa de diez o doce años.

Alguien se estremecerá pensando que este periodo es precisamente el momento clave para educarlos. Tranquilo, que por algo los llevamos a la escuela. Y si llegan inmaduros a primero de ESO que nadie sufra, allí les esperan los colegas de bachiller que los sobreespabilarán en un curso y medio, máximo dos. Al modelo de padres que sobreprotege a los pequeños y abandona los adolescentes nadie les podrá acusar de haber fracasado educando a sus hijos. No lo han intentado siquiera.

Aprende qué puedes esperar de tu hijo en cada etapa

Con frecuencia cometemos un error bastante común entre los padres: esperamos de nuestros hijos «más de lo que pueden dar» para su edad o nivel de desarrollo. Es importante que conozcamos qué podemos esperar de nuestro hijo en cada etapa educativa, qué grado de autonomía necesita y, sobre todo, qué responsabilidades puede empezar a asumir en función de su edad y actuar en consecuencia.

Para educar bien a un niño es fundamental conocer con exactitud su proceso de desarrollo. Esto nos permitirá ofrecerle en cada momento aquello que realmente necesita.

¿En qué nos puede ayudar esto?

Pues básicamente nos servirá para aprender a diferenciar entre una conducta totalmente normal de otra que no lo es, e intervenir de manera adecuada para darle solución. Aprenderemos que hay conductas totalmente normales para la edad que tiene el niño y que, por tanto, podemos y debemos «dejar pasar», pues desaparecerán con el tiempo. Por el contrario, encontraremos otras que no podemos dejar pasar y nos tocará intervenir para corregirlas. No debemos olvidar que le niño tiene unas necesidades específicas en cada una de las etapas del desarrollo y los padres debemos conocerlas, ya que ello nos facilitará mucho nuestra tarea educativa.

Veamos algunos ejemplos:

➤ Estamos en la cola de la caja del supermercado esperando a que nos toque el turno para pagar, y queremos que nuestro hijo de dos años espere pacientemente sin moverse, sin tocar nada, etc. Pues bien, lo normal es que no sea así en absoluto, ya que el niño está explorando pues se trata de una de las características propias de los niños de su edad: está descubriendo el mundo. Si los padres no tomamos conciencia de ello, nos pasaremos el tiempo corrigiéndolo y llamándole la atención, pensando siempre que se está comportando mal y que debemos actuar en consecuencia.

➤ El niño con ocho o nueve meses de edad está en la trona con sus juguetes y los tira al suelo para que los recojamos. La primera vez nos hace gracias, pero a la tercera nos enfadamos y le decimos «no se tiran al suelo», pero el niño con una sonrisa en la cara nos mira y los vuelve a tirar. De inmediato pensamos «me está retando», lo cual dice mucho de nuestro desconocimiento de lo que se espera de nuestro hijo en esta etapa educativa. El niño no nos está retando: está aprendiendo, está explorando...

Si a esto sumamos que tenemos varios hijos, es importante que nos adaptemos a cada uno de ellos en función de su edad, sin esperar ni exigir lo mismo de todos, pues, de lo contrario, estaríamos siendo muy injustos. A cada uno le ofreceremos lo que necesita.

Carlos Goñi y Pilar Guembe lo explican muy bien en su libro *Educar sin castigar*:

> Nuestro hijo necesita atenciones cuando es bebé, limitaciones cuando es niño y razones cuando es adolescente. En este sentido, la educación adopta la forma de una pirámide de necesidades en cuya base están las atenciones, más arriba las limitaciones y en el tramo final las razones, de modo que todo se sostiene si en cada fase se atiende a las necesidades correspondientes.

Por este motivo, no podemos adelantarnos y quemar etapas. No podemos «anticipar» la edad de la razón. En ocasiones observo a algunos padres que lo quieren razonar absolutamente todo con sus hijos cuando estos todavía no están en la edad de poder asimilar y aprender aquello que le están diciendo. Esto no significa que no debamos darles explicaciones. Sin embargo, si hemos intentado razonar con el niño sin éxito y continúa con su actitud inadecuada, deberemos cambiar de técnica y estrategia para que nos haga caso.

El llanto

Llorar es el primer sonido que emite el bebé. Debemos entender cuanto antes que el llanto es el lenguaje del bebé, la única forma de llamar la atención del adulto. Por este motivo no debemos interpretar el llanto como algo que el niño hace para molestarnos, sino como un acto comunicativo. Es la única forma que tiene de expresar su malestar. Nuestra actitud ha de ser de tranquilidad. En palabras de Lorena López Cayhuela:

> Hay que afrontar el llanto del bebé desde la tranquilidad («a

ver, ¿qué puede estar diciéndome mi bebé?»), sin conectarse con un pensamiento catastrofista («Dios mío, ¿le estará pasando algo malo…?»), ni autoculpabilizador («tendría que saber calmarle»), ni autodescalificante («no puedo con esto, no sé hacerlo»), y mucho menos con la idea de que el llanto no tiene más objetivo que el de molestarnos («no puede ser otra vez, llora para fastidiar, para que le coja…»). Cuando nos acercamos tranquilos al bebé que llora, el niño es capaz de calmarse antes, regulando su emoción, aprendiendo que está en un entorno seguro y que su llanto es eficaz para conseguir lo que necesita. De lo contrario le producirá más estrés y, por consiguiente, más llanto.

El llanto del niño es diferente según lo que este desea comunicarnos: hambre, calor, dolor… El llanto del bebé siempre debe ser atendido.

Motivos principales por los que llora el bebé:

- ➤ Tiene hambre.
- ➤ El pañal está sucio y hay que cambiarlo.
- ➤ Tiene calor (o frío). Poco abrigo o exceso del mismo.
- ➤ Tiene sueño.
- ➤ Está incómodo (malestar).
- ➤ Dolor de tripa (cólico).
- ➤ Aburrimiento.
- ➤ Exceso de estímulos: demasiada luz, movimientos a su alrededor, ruidos, etc.

Tipos de llanto

Se han hecho numerosas clasificaciones sobre los tipos de llanto e incluso puedes encontrar muchas aplicaciones y aparatos que te ayudan a interpretar el llanto del bebé como, por ejemplo, el Why Cry o Cry Translator. Según los fabricantes de estos dispositivos la fiabilidad es superior al 95%. Personalmente considero que la experiencia y el conocimiento mutuo es la mejor forma de interpretar y descifrar el llanto. Principalmente el llanto suele ser por:

> ➤ HAMBRE. Gritos enérgicos con tono agudo.

> ➤ SUEÑO. Lamentos largos que aumentan si pretendemos estimular al niño.

> ➤ ABURRIMIENTO. Genera quejidos intermitentes. Esto indica que necesita estímulos con los que entretenerse.

> ➤ NERVIOSISMO. Grito intenso y breve, decae poco a poco y vuelve a subir.

> ➤ ENFERMEDAD. Gemidos poco intensos y muy prolongados.

> ➤ DOLOR. Llanto agudo y prolongado, sigue un periodo de pausa para tomar aire y respirar.

¿Cuándo debemos preocuparnos?

> ➤ Si se trata de un llanto de dolor.

> ➤ No conseguimos que se calme con nada en todo el día.

> ➤ Su llanto va acompañado de fiebre, agitación, erupciones, etc.

En este caso acudiremos a urgencias o avisaremos a su pediatra.

¿Qué dice la ciencia?

Cada vez más, los científicos asocian el estrés en la infancia y niñez con el elevadísimo número de adultos que sufren trastornos de ansiedad y depresivos a partir de la adolescencia.

¿De qué forma podemos tranquilizar al bebé?

- ➤ A través del contacto físico y el masaje.
- ➤ El calor (libera oxitocina).
- ➤ Mecerle y acunarle.
- ➤ Evitar la estimulación excesiva.

 Consejo de experto (por Margot Sunderland[14])

Muchos padres se preguntan si su bebé utiliza el llanto para manipularles, especialmente cuando oyen los comentarios bienintencionados de amigos y familiares que les dicen: «déjale, intenta controlarte. Si cedes ahora, te arrepentirás más tarde». Ahora sabemos que esto es neurobiológicamente inexacto. Para controlar a un adulto, el bebé precisa de la facultad del pensamiento lógico y, para ello, necesita que la sustancia cerebral denominada glutamato opere correctamente en sus lóbulos frontales. Pero el sistema glutamato no está desarrollado en el cerebro del bebé, de modo que este no es capaz de pensar lógicamente en algo como manipular a sus padres.

Si dejamos que el bebé llore a solas:

- Elevados niveles de hormonas tóxicas inundan su cerebro.
- Su cerebro sufre un síndrome de abstinencia a los opioides.
- Es posible que los sistemas de respuesta al estrés del cerebro y del cuerpo queden programados para presentar reacciones hipersensibles.
- Se activan los circuitos del dolor en el cerebro, exactamente como ocurriría si el bebé sufriera un dolor físico.

---

14. *La ciencia de ser padres*, Margot Sunderland, Ed. Grijalbo.

El sueño

A los padres nos preocupa el tema del sueño de nuestros hijos por múltiples razones. Es importante entender y controlar el sueño del niño, tanto en su cantidad como en su calidad.

El sueño es necesario para el bebé por muchos motivos. Estos son algunos de ellos:

➤ Ahorrar energía que utilizan para su correcto desarrollo.

➤ Liberar la hormona del crecimiento (GH).

➤ Mantener la temperatura que el organismo necesita en cada momento.

➤ Reducir los niveles de ansiedad.

➤ Fijar conocimientos.

 Consejo de experto (por el Dr. García Borreguero[15])

Las horas de sueño están directamente relacionadas con la regeneración cerebral. Por eso los bebés pueden llegar a dormir hasta 16 horas en un día. La regeneración cerebral es máxima en los neonatos, y también alta en los niños.

¿Cuánto tiempo deben dormir los niños?

El tiempo varía en función de la edad del niño:[16]

➤ Preescolar: 10-12 horas al día.

➤ Escolar: 10 horas al día.

---

15. «Se puede morir de sueño», *El Confidencial.* http://www.elconfidencial.com/alma-corazon-vida/2009-07-15/se-puede-morir-de-sueno_240461/
16. *El manual de Supernanny*, Rocío Ramos Paul y Luís Cardona, Cuatro y Ediciones Nobel.

➤ Adolescente: 9 horas al día.

➤ Adulto: 7-8 horas al día.

➤ Anciano: 6-7 horas al día.

Puedes comprobar que, a medida que el niño va creciendo, necesita menos horas de sueño. En las etapas de crecimiento el tiempo y la calidad del descanso tienen una importancia fundamental. Debemos estar preparados y atentos para prevenir y afrontar los problemas de sueño de nuestros hijos.

*Aproximadamente el 30% de los niños sufren
alteraciones o problemas de sueño.*

El sueño infantil ha ocupado (y lo sigue haciendo) la atención de los expertos. Por este motivo se han publicado numerosos libros sobre el tema. Lo que ocurre es que en la mayoría de ocasiones estos libros están cargados de consejos que entran en contradicción entre ellos, lo que provoca una sensación de inseguridad y desorientación a los padres que acuden a esta literatura en busca de ayuda y consejo. Veamos un ejemplo claro de esto:

Ejemplo. Un padre navega por internet porque quiere obtener información sobre el sueño infantil y se encuentra con estos dos «titulares»:

1. «Los niños que duermen con sus padres pueden sufrir trastornos del sueño y del desarrollo».[17]

2. «Los niños que duermen con sus padres tienen menos problemas»[18]

El padre, con la mejor intención del mundo lee con atención ambos artículos y cada vez se encuentra más perdido. Le

17. *El País*, 9-3-04.
18. *La Vanguardia*, 31-3-10.

asaltan un mar de dudas: «¿A cuál de los dos hago caso? ¿Qué consejos debo seguir?» Como puedes comprobar, existen numerosos métodos o técnicas que hacen referencia al sueño infantil y una extensa bibliografía al respecto, pero como ya he destacado en muchas ocasiones los padres salimos con más dudas e interrogantes: ¿qué hacemos entonces?

Por este motivo mi consejo es que leas, que te formes e informes pero, al final, debes dejarte llevar por TU sentido común y no tanto por lo que han escrito otros. En palabras de T. Berry Brazelton, «los expertos no podemos decir a los padres qué deben hacer, sino preguntarles a ellos qué debemos hacer y mirar juntos al niño para que nos lo diga él con su conducta«. Por este motivo siempre doy la misma recomendación a los padres que participan en mis Escuelas de Padres: que lean, que se informen y que hagan caso sobre todo a aquellos consejos que mejor se adapten a su situación real. Me gusta mucho cómo explica esto Julio Basulto en su libro *Se me hace bola*:[19]

> Si en una encrucijada escogemos un camino según nuestro propio criterio, lo haremos sabiendo que es posible que nos hayamos equivocado, y quizá nos toque recular y desandar lo andado. Estamos de nuevo ante un método de ensayo y error. ¿En qué consiste este método? No es otro que probar una alternativa y verificar a posteriori si funciona. Si es así, el «ensayo» ha tenido éxito y hemos encontrado la solución al problema al que nos enfrentábamos. En caso contrario, si vemos que la alternativa escogida no nos convence (el ensayo nos ha llevado a un «error»), intentaremos buscar otra opción. Sin embargo, cuando alguien supuestamente experto nos indica un camino e insiste en que no nos desviemos de él pase lo que pase, sucede que, precisamente por considerarlo experto, es probable que persistamos en el error más allá de lo que nuestro sentido común nos dice que es prudente caminar.

---

19. *Se me hace bola. Cuando no comen como queremos que coman*, Julio Basulto, Debolsillo.

Como ya he señalado, cada hijo es único y no aparece en ningún manual ni tan siquiera en el que tienes ahora en tus manos. Un verdadero experto no puede (ni debe) decidir por ti sino que te ha de ofrecer ideas y herramientas que te ayuden a vislumbrar una solución a tu problema. Pero debes ser tú finalmente el que tomes tus propias decisiones de manera libre pero sobre todo con la máxima información. Ante la duda, aplica tu sentido común que, como he señalado anteriormente, es un ingrediente indispensable para educar con talento.

Trastornos frecuentes del sueño

> **Pesadillas.** Se dan alrededor de los 2 años. Son más frecuentes entre los 3 y 6 años. Se dan en la segunda mitad de la noche. Las pesadillas –como la mayoría de los sueños– aparecen en la etapa del sueño en la que el cerebro está muy activo, revisando las experiencias, la nueva información aprendida y los recuerdos. Las vívidas imágenes que el cerebro procesa pueden parecer tan reales como las emociones que provocan. El niño cuando despierta recuerda lo soñado. Debemos atenderlo y calmarlo.

> **Terrores nocturnos.** Se producen entre los 3 y 4 años. Son auténticas crisis de pánico. Cuando se producen, el niño está dormido pero con los ojos abiertos. A diferencia de las pesadillas, se suelen dar en la primera mitad de la noche. El niño puede gritar, sudar y tener taquicardias. Su forma de reaccionar es «como si no nos viera» ya que está dormido. Nuestra manera de proceder ha de ser la misma que en las pesadillas: intentar calmarlo y que siga durmiendo. A la mañana siguiente el niño no recordará nada de lo sucedido.

> **Insomnio.** Dificultad para quedarse dormido cuando el niño se va a la cama o despertar de noche y no poder volver a quedarse dormido. Las causas pueden ser varia-

das: cambios de rutina, agitación excesiva antes de ir a dormir...

➤ **Somniloquia.** Consiste en hablar en voz alta durante el sueño. Es habitual e inofensivo.

➤ **Bruxismo.** Cuando el niño aprieta y rechina los dientes por la noche. Es un trastorno relativamente frecuente durante la infancia: lo sufren aproximadamente el 25% de los niños. Tiene diversas causas como problemas de oclusión dental o bien alteraciones emocionales. En algunos casos requerirá del uso de una férula para dormir.

 Consejo de experto (por Silvia Álava)[20]

Cómo conseguir que el bebé adquiera unos hábitos de sueño

Para que el bebé pueda ajustar ese reloj biológico, necesita unos estímulos externos, que serán precisamente los que los padres tendrán que aprender a manejar. Estos son:

• Luz-oscuridad, ruido-silencio: Cuando los bebés duermen durante todo el día, no debemos hacer nada por mitigar el ruido de la habitación ni impedir que entre la luz solar; sin embargo, por la noche sí que se aconseja acostarlo en la cunita sin luz y sin ruidos, procurando que esté lo más cómodo posible, con el pañal cambiado, los gases expulsados... Esto será fundamental para que puedan distinguir entre sueño y vigilia.

• Es esencial establecer una rutina, con horarios establecidos para la comida, el baño y la hora de irse a la cama. El baño antes de dormir ayudará a relajar al niño. Es conveniente darle un pequeño masaje después del baño, de esta forma, además de relajarse, se fomenta el contacto físico con el bebé.

---

20. *Queremos hijos felices*, Silvia Álava, Ed. JdeJ Editores.

Métodos

Existen múltiples métodos y teorías sobre cómo dormir a un bebé: las de William Sears, Ian May, Penelope Leach, Richard Ferber... Un método que me parece interesante es el de Tracy Hogg, conocida como «la susurradora de bebés» y autora del libro *Guía práctica para tener bebés felices y tranquilos*. Existen dos corrientes definidas con respecto al sueño: la defendida por el Dr. Sears (*Dormir sin lágrimas*) y la que defiende el Dr. Ferber (Estivill). Según la propia Tracy Hogg, ambas corrientes eran bastante extremistas y por este motivo optó por tomar un término medio al que le dio el nombre de *sueño sensato*. Es un método a medio camino entre el apego y la disciplina. Te aseguro que es mucho más respetuoso con el niño que aquel método que nos indica que hay que dejarlo llorar sin más.

¿En qué consiste este método?

Si quieres conocer a fondo el método que plantea Tracy Hogg te recomiendo la lectura pausada de su libro.[21] Te dejo aquí un breve resumen con las claves de su funcionamiento:

- ➤ Crea una rutina tranquilizante para tu bebé antes de llevarlo a su cuarto y dormirlo.

- ➤ Recomienda que el bebé debe dormir solo en su cama con el objetivo de fomentar su independencia, pero no debemos dejarlo llorar.

- ➤ Para dormir no debería depender de apoyos (objetos o actos a los que puedan acostumbrarse y cuya ausencia los haga sentir nerviosos). Destaca que un apoyo no es un objeto de consuelo como un peluche o una mantita, que es algo adoptado por el niño. Los chupetes pueden ser ambas cosas.

---

21. *Guía práctica para tener bebés felices y tranquilos*, Tracy Hogg y Melinda Blau, Ed. RBA.

➤ Se trata de relajar al bebé, tranquilizarlo lo máximo posible y llevarlo a su cama cuando esté «adormilado», pero no dormido del todo.

➤ Puedes abrazarlo, le puedes cantar, acariciarlo, lo que consideres que te funciona mejor. Si llora lo debes coger durante uno o dos minutos en brazos y volver a acostarlo en su cama. Si sigue llorando lo puedes volver a abrazar durante dos o tres minutos. Es un acto que se debe repetir con constancia.

Para ayudarle a conciliar el sueño la autora recomienda seguir estos 4 pasos:

1. Preparar el entorno. Preparar el escenario alejando al niño de un ambiente estimulante y llevándotelo a un sitio más tranquilo.

2. Envolver al bebé con una manta.

3. Sentarse con el bebé en silencio unos cinco minutos. El bebé debe estar en posición vertical. Lo mejor es que lo sientes en tu regazo. Lo ideal es que lo acuestes en la cuna antes de que se duerma. Dale un beso y acuéstalo en la cama.

4. Tranquilizarlo. Si se muestra un poco nervioso o se pone a llorar cuando intentas tumbarlo en la cuna sugiere darle palmaditas en la espalda de forma regular, con un ritmo constante, como si fuera un corazón latiendo. Estas palmaditas se pueden acompañar de un susurro: «shhh, shhh, shhh…». También podemos añadir susurrando, frases como: «ahora a dormir, pequeñín», «buenas noches»… Todo esto se hace con el niño en brazos y debe seguir haciéndose mientras se mete al bebé en la cuna y también estando ya en ella.

Si algo va mal no hay que volver a aquellos hábitos o rutinas que se crearon en su día y que nos resultan problemáticas, como llevarlo en brazos, darle el pecho o zarandearlo compulsivamente. Como dice la propia autora: «No abandones antes del milagro». Si tienes tentaciones de abandonar, pregúntate «¿qué ocurrirá si lo dejo ahora?». Si se despierta, hay que volver a envolverlo con la mantita y de nuevo tranquilizarlo con palmaditas y susurros en nuestros brazos, para dejarlo de nuevo en la cuna, aún despierto, pero tranquilo y sin lágrimas.

¿Cuál es la mejor forma de ayudar a dormir? Tu propio método

Personalmente considero que la mejor forma de ayudar a dormir a nuestro bebé es aplicando nuestro sentido común. Para ello debemos conocer bien a nuestro bebé, su carácter y manera de llorar y dormir. A partir de ahí vamos haciendo según convenga, dejándonos guiar por nuestro instinto natural. Debemos abordar este tema desde el sosiego y la tranquilidad: si tenemos prisa porque se duerma o vamos «predispuestos a la batalla», te puedo asegurar que el bebé lo percibirá. Si estamos nerviosos le transmitimos nuestro nerviosismo y ansiedad (a través de nuestro tono de voz, si estamos tensos...). Por tanto, nuestro objetivo debe ser transmitirle seguridad y serenidad.

Recuerda. Ningún enfoque o método funciona para todos los bebés por igual. Cualquiera que sea el que escojas hazlo pensando en tu pequeño. Si pruebas uno por un tiempo y no te funciona no te preocupes: intenta otro enfoque y busca siempre la opción que mejor se adapte a vuestra realidad diaria. Todo no está en los manuales.

5 mitos sobre el sueño

Estos son algunos mitos sobre el sueño que debemos desterrar. Son afirmaciones sin ningún tipo de fundamento que no nos ayudan en absoluto:

El niño…

1. «Duerme mal porque es inquieto…»
2. «Si duerme siesta, no dormirá por la noche…»
3. «Si no hay silencio absoluto se despierta…»
4. «Si se acuesta tarde se levantará tarde…»
5. «Se despierta de noche por mala costumbre…»

El cerebro del niño

Es importante que los padres tengamos unos conocimientos básicos sobre cómo funciona el cerebro del niño. De esta forma entenderemos mejor muchas cosas que van sucediendo en su proceso educativo, y podremos ayudarlo a desarrollar todo su potencial porque, como destaca José Antonio Marina en su libro *El cerebro infantil: la gran oportunidad*:

> Educar es el único trabajo cuya finalidad es cambiar el cerebro humano cada día. Hay que tenerlo presente para no ser irresponsables.

Conexiones[22]

> ➤ El cerebro de los recién nacidos establece conexiones a un ritmo muy rápido mientras es cincelado por las experiencias de sus primeros años. Al principio, las neuronas están «desconectadas».

> ➤ Los bebés tienen 200.000 millones de células cerebrales pero pocas conexiones.

> ➤ En torno al primer año de la vida las células del «cerebro superior» han establecido muchas más conexiones.

---

22. *La ciencia de ser padres*, Margot Sunderland, Ed. Grijalbo.

> ➤ Cerca de los dos años, el «cableado» del cerebro es mucho más complejo y ha comenzado la «poda» sináptica.

El Dr. Álvaro Bilbao en su interesante libro *El cerebro de los niños explicado a los padres* destaca que:

> Cuando hablas con tu hijo, cuando lo besas, o simplemente te observa, su cerebro realiza conexiones que le ayudarán a afrontar la vida como adulto.

Al hablar, leerles cuentos, cantarles canciones, tocarlos... estamos nutriendo ese órgano fundamental: el cerebro.

La parte más extensa del cerebro está dividida en dos hemisferios: el derecho y el izquierdo. Debemos conocer cómo funcionan estos hemisferios para saber qué es lo que necesitan los niños en cada momento.

Los hemisferios cerebrales no están aislados sino que trabajan en paralelo y su actividad es permanente.

➤ Hemisferio izquierdo:
  • Razonamiento.
  • Lenguaje.
  • Pensamiento lógico.

➤ Hemisferio derecho:
  • Intuición.
  • Creatividad.
  • Percepción tridimensional.
  • Sentido musical.
  • Sentido artístico.

Los últimos avances han demostrado que el cerebro humano es extraordinariamente plástico, puede adaptar su actividad y cambiar su estructura de forma significativa a lo largo de toda la vida, y no solo durante los primeros años como se pensaba hasta ahora. Como muy bien destacan Sarah-Jane Blakemore y Uta Frith en su interesante libro *Cómo aprende el cerebro*:

La plasticidad del cerebro –su capacidad para adaptarse continuamente a las circunstancias cambiantes– depende fundamentalmente de cuánto se usa. Ciertos estudios sobre plasticidad sugieren que el cerebro está bien armado para aprender durante toda la vida y adaptarse al medio, y que la rehabilitación educacional en la edad adulta es posible amén de una inversión rentable.

Tu hijo tiene tres cerebros

El cerebro es uno de los sistemas más complejos del universo. Todavía nos queda mucho camino para llegar a la comprensión de cómo funciona en su totalidad. Una buena forma de explicar el cerebro del niño es la siguiente: aunque parezca que tu hijo tiene un cerebro, en realidad… ¡dispone de tres cerebros! La crianza de tus hijos y las respuestas que ofrezcas a sus reacciones influirán de manera notable en la actuación de una parte u otra de su cerebro (es decir, de cada uno de estos tres cerebros). De ahí la importancia de conocer cada una de estas partes y la función que realizan. Veamos estos «tres cerebros» y sus características:[23]

- ➤ **Cerebro reptiliano.** Activa comportamientos instintivos y controla funciones esenciales para la vida:
  - Respiración.
  - Circulación.
  - El hambre.
  - Temperatura corporal.
  - Instinto de lucha-huida.
  - Etc.

---

23. *La ciencia de ser padres*, Margot Sunderland, Ed. Grijalbo.

Es el que nos ayuda a luchar por nuestra supervivencia.

> **Cerebro racional.** Es el cerebro superior, también conocido como «lóbulos frontales» o neocórtex. Sus funciones y capacidades incluyen:
>   • Creatividad e imaginación.
>   • Conciencia de sí mismo.
>   • Capacidad de resolver problemas.
>   • Razonamiento y reflexión.
>   • Etc.

> **Cerebro mamífero o emocional.** Es el cerebro inferior o sistema límbico. Esta parte del cerebro activa:
>   • La ira.
>   • El miedo.
>   • Las relaciones sociales.
>   • El juego.
>   • La angustia por separación.
>   • Etc.

Recuerda. Como padres podemos influir en el cerebro de nuestros hijos para que sus regiones superiores puedan controlar las reacciones primitivas del cerebro inferior, al menos, en la mayoría de casos.

Para saber más

Los tres primeros años.[24]

Hace unos 20 años, la Casa Blanca convocó una conferencia de prensa sobre desarrollo temprano del niño en la que Hilary Clinton hizo referencia a las investigaciones sobre el desarrollo del cerebro. Clinton afirmó que «ahora sabemos mucho más de

---

24. *Cómo aprende el cerebro*, Sarah-Jayne Blakemore y Uta Frith, Ed. Ariel.

lo que sabíamos hace unos años sobre cómo se desarrolla el cerebro humano y qué necesitan los niños del entorno para desarrollar la personalidad, la empatía y la inteligencia». Citó estudios según los cuales el medio afecta al desarrollo cerebral en fases tempranas de la vida para evidenciar la importancia que tienen ciertos tipos de estimulación ambiental durante los tres primeros años de vida de un niño. Clinton aseguró que «las experiencias [entre el nacimiento y los tres años] pueden determinar si los niños crecerán para ser ciudadanos pacíficos o violentos, trabajadores comprometidos o indisciplinados, padres atentos o indiferentes…» Pidió a los médicos de EE. UU. que animaran a los padres a leerles a sus hijos pequeños y exigió una mayor inversión en los niños de edades inferiores a los tres años.

Los argumentos a favor de un inicio temprano de la educación a menudo se han fundamentado en tres hallazgos importantes de la neurobiología del desarrollo.

1. En la primera infancia se producen incrementos espectaculares en el número de conexiones entre las células cerebrales.

2. Existen periodos críticos en que la experiencia determina el desarrollo del cerebro.

3. Los entornos enriquecidos ocasionan en el cerebro la formación de más conexiones que los entornos empobrecidos.

La música y el cerebro de los niños

La música mejora las capacidades cognitivas de los niños, según un estudio publicado por la revista *Brain*. El estudio fue desarrollado por psicólogos de la Universidad McMaster de Canadá, que compararon los efectos del aprendizaje de la música sobre la sensibilidad de los niños y sobre su capacidad de memorización. Los investigadores hicieron un seguimiento de dos años a dos grupos de niños de edades comprendidas entre los cuatro y los seis años. El primer grupo recibió durante un año enseñanzas musicales extraescolares según el método Suzuki, mientras que el segundo grupo no recibió enseñanza musical alguna. El método Suzuki, ideado por un violinista japonés que es además filósofo y pedagogo, permite a los niños, aunque sean muy pequeños, aprender música e incluso tocar un instrumento. Basado en el principio del lenguaje maternal, el método Suzuki enseña música mediante el juego e induce a los niños a escuchar cada día alguna melodía.

Según los investigadores, liderados por Laurel Trainor, profesora de Psicología, Neurociencia y Conducta de la Mc Master University en Hamilton (Canadá) es la primera vez que un estudio muestra que las respuestas del cerebro pueden evolucionar de manera diferente en el transcurso de un año, según los niños hayan sido formados o no en el conocimiento y la experiencia musical.

Estos cambios tienen una relación directa con las mejores habilidades cognitivas constatadas en los niños que practican la música, lo que constituye una evidencia de que el aprendizaje musical tiene un efecto positivo sobre la memoria y la atención de los más pequeños, lo que indica la conveniencia de que la música forme parte de la enseñanza maternal y primaria.

Aunque estudios anteriores habían demostrado ya que los niños mayores que recibían clases de música experimentaban más mejoras en su cociente intelectual (CI) que los que iban a clases de teatro, este es el primer estudio que identifica estos efectos en mediciones cerebrales de niños más pequeños.

Es importante destacar que el llamado «efecto Mozart» en realidad no es tal y como se pensaba. De hecho, su gran difusión llegó hasta el punto de que se editaban CDs y DVDs con el objetivo de estimular la capacidad cerebral del bebé a través del poder de la música. Como muy bien lo explica Carl Honoré en su libro *Bajo presión*:

En 2007, el Ministerio de Investigaciones alemán encomendó finalmente a un equipo de grandes neurocientíficos, psicólogos, pedagogos y filósofos que analizara todas las investigaciones realizadas con relación a este fenómeno. Concluyeron que, suponiendo que escuchar piezas de Mozart mejore el razonamiento espacio-temporal (y no todos los estudios lo han demostrado), el efecto no dura más allá de veinte minutos. Y lo que es más, el equipo alemán no halló ninguna prueba de que escuchar música clásica afine en modo alguno el cerebro del bebé.

La conquista del lenguaje

Los bebés comienzan a comunicar desde que nacen pero se expresan a base de miradas, muecas, sonidos, el llanto... Aunque no entienden lo que los padres decimos sí son capaces de percibir el tono y reaccionan.

¿Qué podemos hacer los padres?

➤ Responder a sus balbuceos. El niño percibe que nos interesa aquello que nos está «contando».

➤ Hablarle como si ya nos comprendiera. No esperes a la hora del cuento, cualquier momento del día es bueno para entablar ese «diálogo».

¿De qué forma nos dirigimos al niño?

➤ Háblale despacio, vocalizando y mirándole a la cara.

➤ Háblale con expresividad y apoya tus palabras con gestos.

➤ Usa palabras y frases.

➤ Haz uso de canciones infantiles (sonoridad, ritmo, vocabulario…)

Como en todo, en educación es importante que respetemos el ritmo de nuestro hijo: no todos los niños tardan lo mismo en empezar a andan o hablan. Cada niño tiene su propio ritmo.

¿Y si tarda en hablar?

En este caso debemos intentar fomentar su habla evitando a toda costa que se sienta mal por no hablar. Algunos consejos:

> ➤ No le des las cosas cuando las señale: intenta que te diga qué es lo que quiere.

> ➤ Léele cuentos y destácale el nombre de los objetos que aparecen. Pídele que te los repita.

> ➤ Pregúntale por las cosas que hace durante el día: que verbalice sus vivencias. Por ejemplo: ¿a qué has jugado hoy en el *cole*?

Debemos evitar

> ➤ Imitar su lengua de trapo. Hablar a los niños de la misma forma que ellos no es positivo.

> ➤ Evitar el uso excesivo de diminutivos.

> ➤ Reírnos de su forma de hablar.

> ➤ Estar constantemente corrigiéndole.

> ➤ No darle tiempo para que se exprese.

LENGUAJE

1 año. Emite de 3-8 palabras

18 meses. 50 palabras

24 meses. Entre 250-500 palabras

36 meses. Más de 1.000 palabras

Las emociones. Educación emocional (I)

> *De nada sirve que el entendimiento se adelante*
> *si el corazón se queda.*
>
> BALTASAR GRACIÁN

Durante estos primeros años los padres estamos tan ocupados y preocupados por temas como la alimentación, el sueño, la talla, el peso... que hace que tomemos menos conciencia de algo que resulta esencial: su salud emocional. Esto no es algo nuevo, Aristóteles ya decía que «educar la mente sin educar el corazón no es educar en absoluto».

Enseñar a nuestro bebé a ser emocionalmente sano es tan importante como enseñarle a dormir o a enriquecer su mente. Nuestra función es la de ayudarle a desarrollar su inteligencia emocional. Desde que Daniel Goleman publicase el famoso libro *Inteligencia emocional* este concepto ha ido adquiriendo una importancia notable, sobre todo en el mundo educativo. Se han dado numerosas definiciones sobre este concepto que podríamos definir de la siguiente manera:

> *Es la habilidad para tomar conciencia de*
> *las emociones propias o ajenas y la capacidad para gestionarlas.*

Debemos tener en cuenta que comprender nuestra dimensión emocional nos capacita para comprender a los demás. Llevar a cabo esta educación emocional ayudará a que tu hijo desarrolle una serie de capacidades personales y competencias tales como:

- ➤ Autoconocimiento.
- ➤ Autoestima.
- ➤ Empatía.

> ➤ Resolución de conflictos.

> ➤ Autonomía.

Es importante destacar que para que nuestro hijo desarrolle estas competencias emocionales es fundamental que los padres también las cultivemos. No podemos dar aquello que no tenemos. Si los padres no gestionamos de manera efectiva nuestras emociones esto es lo que aprenderán nuestros hijos. Laura Chica expone en su interesante libro *¿Quién eres tú?*[25] lo siguiente:

> La mayoría de las dificultades que nos encontramos en nuestro desarrollo emocional es que no nos han enseñado a pensar sobre lo que sentimos o cómo se llama eso que sentimos. Ni siquiera nos han enseñado a sentir. Nuestra educación se ha centrado en el cerebro racional, olvidando casi por completo nuestro cerebro emocional.

Y añade:

> Podemos resumir nuestro estado emocional en esta frase: «somos analfabetos emocionales».

El juego. Primeros juguetes (I)

> *Los juegos de los niños no son juegos, sino que hay que juzgarlos como sus acciones más serias.*
>
> MONTAIGNE

Una manera muy efectiva de aprender es jugando. Los niños necesitan jugar. El juego es esencial para el desarrollo integral del niño e influye en su crecimiento y maduración a todos los niveles: físico, mental, emocional, social… El juego les prepara para la vida. En palabras de Silvia Álava:

---

25. *¿Quién eres tú?*, Laura Chica, Ed. Alienta.

Los juguetes, además de ser un medio de distracción y de entretenimiento para los niños, bien utilizados sirven para estimularlos y favorecen muchos procesos de aprendizaje, como las destrezas motrices finas, la agilidad mental, la motricidad gruesa, la resistencia física…

Jugar es tan necesario para el desarrollo del niño que está recogido en la Declaración de los Derechos del Niño, aprobada por la ONU en 1959:

El niño debe disfrutar plenamente de juegos y recreaciones, los cuales deben estar orientados hacia los fines perseguidos por la educación. La sociedad y las autoridades públicas se esforzarán por promover el goce de este derecho.

Existen varios tipos de juego:

➤ Juegos de ejercicio: juegos de manipulación, sonoros…

➤ Juegos de armar: juegos para encajar, construcciones…

➤ Juego simbólico: «juegos de representación», «jugar a que…»

➤ Juego de reglas: juegos de cartas, juegos de mesa…

Recomendaciones para los padres

➤ Debemos sacar tiempo todos los días para jugar con el niño.

➤ Es importante que en el juego intervengamos los dos: el padre y la madre (que no juegue siempre con el mismo).

➤ Nuestra tarea no es solo comprarles juguetes: debemos enseñarles a jugar.

➤ También debemos llevarle al parque cada día para que disfrute jugando al aire libre y aprenda a relacionarse poco a poco.

➤ Ofrécele un entorno rico: lugares para explorar, juguetes creativos…

En palabras de Margot Sunderland:

> Si proporcionas a tu hijo muchas actividades imaginativas y exploradoras, activarás el sistema de «búsqueda» de su cerebro. Cuando opera este sistema el niño tiene ganas de vivir, curiosidad, y el impulso y la motivación necesarios para hacer realidad sus ideas creativas.

¿Todavía no te has convencido de la importancia del juego. Como puedes comprobar es más que necesario para nuestros hijos.

Elegir los juguetes más adecuados para los niños

A la hora de elegir un juguete tendremos en cuenta varios aspectos fundamentales:

1. La edad del niño.
2. Seguridad del juguete.
3. Simplicidad.
4. Durabilidad.
5. Manejabilidad.
6. El valor educativo del juguete.
7. Versatilidad.
8. Los gustos y la personalidad del niño.

Recuerda:

➤ Para jugar hace falta tiempo.
➤ Los juguetes no deben estar determinados por el género;

cada niño debe jugar con el juguete que elija. Por eso es interesante visitar las tiendas de juguetes y que los vean en «directo», que no se creen falsas expectativas y se queden solamente con la imagen que ven en la publicidad.

➤ Podemos orientar las preferencias del niño pero no seleccionar un juguete con el que no vaya a jugar.

➤ Revisa los juguetes periódicamente: un juguete roto puede ser peligroso para el niño.

➤ Cada edad tiene sus juguetes adecuados.

➤ El juguete no enseña a jugar, es fundamental el papel de los padres.

➤ También les debemos enseñar a jugar sin juguetes para que no siempre dependan de ellos para pasarlo bien.

➤ Es importante que los padres jueguen con sus hijos, pero que también estos aprendan a jugar solos.

➤ Mejor juguetes sencillos, los complicados anulan la fantasía y la creatividad.

➤ Podemos hacer una «rotación» y guardar juguetes durante una temporada para posteriormente sacarlos de nuevo. De esta manera la novedad es continua.

Según un estudio del departamento de psicología de la Universidad de Oxford, los niños están perdiendo la habilidad para jugar debido al exceso de juguetes. María Jesús Álava Reyes[26] realiza una afirmación en su libro *El no también ayuda a crecer* que nos debe hacer reflexionar:

> Nunca los niños tuvieron tantos juguetes y nunca se han mostrado tan aburridos, escépticos y desinteresados por los mismos.

---

26. *El no también ayuda a crecer*, María Jesús Álava Reyes, La Esfera de los libros.

En la práctica

Veamos algunos ejemplos en relación a la edad del niño:

➤ 0-9 meses: móviles de cuna con música, sonajeros, mordedores, alfombra de actividades…

➤ 9-24 meses: juguetes sonoros, cubos para encajar, juguetes para la bañera, cubos y palas (arena)…

➤ 1 año: andadores, cubos para apilar, peluches suaves, pelotas grandes, pintura de dedos, pizarras, libros con texturas y sonidos…

➤ 2 años: carretillas, triciclos, instrumentos musicales, puzles de 5 o 6 piezas, pelotas, libros con imágenes grandes…

➤ 3 años: trenes, camiones, disfraces, sombreros, elementos de peluquería, triciclos y bicis, construcciones, libros para colorear y poner pegatinas, libros con imágenes vistosas, pelotas…

«Y entonces, de repente, los padres caemos en la cuenta y descubrimos que lo menos importante para jugar… son los juguetes»

☑ **Actividad.** En este caso te planteo una actividad práctica: juega con tu hijo. Háblale, sonríele, cántale, etc. Muéstrale juguetes, muñecos, hazle cosquillas, léele cuentos… En definitiva: disfruta jugando con tu hijo en esta maravillosa etapa.

 Clave. Evita frases como…
- «No quiero que mi hijo juegue con muñecas».
- «No tengo tiempo para jugar con él, para eso le compro juguetes».

#Leído en internet

Los 10 mandamientos para educar a tus hijos[27]

1. No decidas por ellos.
2. Dialoga con ellos.
3. Da un buen ejemplo.
4. Ponles límites.
5. Dales obligaciones.
6. Pregunta antes de regañar.
7. Vive con ellos y no sobre ellos.
8. Intégralos a tu vida.
9. Evita preferencias.
10. Dales más amor.

Los 8 principios del niño pequeño

1. Si me gusta, es mío.
2. Si está en mis manos, es mío.
3. Si te lo puedo arrebatar, es mío.
4. Si yo lo tenía hace un rato, es mío.
5. Si es mío, jamás debe parecer tuyo de ninguna forma o manera.
6. Si estoy haciendo o construyendo algo, todas las piezas son mías.
7. Si parece mío, es mío.
8. Si yo creo que es mío, es mío.

---

27. www.padresehijos.com.mx

#4 citas en las que inspirarte

1. *Criar a un hijo es construir una catedral. No puede escatimarse en ello.*
   Dave Eggers

2. *Amar a un niño es una cuestión circular: cuanto más das, más recibes.*
   Penelope Leach

3. *Los padres aprenden mucho de sus hijos a enfrentarse a la vida.*
   Muriel Spark

4. *El bebé nace con la necesidad de ser amado… y nunca la supera.*
   Frank A. Clark

4

Los terribles dos años… ¿Son tan terribles?

Tener un niño de dos años es como tener una licuadora pero sin tapa.

Jerry Seinfeld

El bebé sigue creciendo y superando etapas: una de ellas es la transición de bebé a niño. Se trata de una etapa muy intensa y, en ocasiones, llena de turbulencias. Te recomiendo que en esta etapa mantengas una actitud calmada y positiva, tratando de entender en todo momento lo que realmente le sucede al niño. Se trata de una etapa muy entretenida.

A los dos años se dan tres cambios muy importantes en la vida del niño:

➤ Mayor movilidad: cada vez es más autónomo.

➤ Mayor conciencia de sí mismo: te dirá lo que le gusta y lo que le disgusta.

➤ Adquisición del lenguaje: su vocabulario aumenta y se expresa con mayor claridad.

En esta etapa es fundamental interpretar el lenguaje emocional del niño, ya que te ayudará a ponerte en su lugar. Es un buen momento para enseñarle a que ponga nombre a sus emociones. Esto le ayudará a entender mejor lo que le pasa y explicar con sus propias palabras cómo se siente.

Aparecen las rabietas

A esta edad suelen aparecer las temidas rabietas. Son absolutamente normales y aparecen por diversos motivos:

➤ Se enfadan.

➤ Están cansados.

➤ Muestran su frustración o contrariedad.

Según Dorothy Einon:[28]

> Las rabietas siempre tienen que ver con el amor, el vínculo afectivo, la seguridad y la irritación. En el fondo son ni más ni menos que el resultado de la incapacidad del pequeño para controlar emociones profundas.

Lo mejor es que mantengamos la calma, ya que de esta forma es menos probable que continúen y se mantengan en su rabieta. Si, por el contrario, reaccionamos enfadados lo que hacemos es reafirmar su rabieta. No se trata de ceder ante las rabietas ya que ellos lo interpretarán como una forma de salirse con la suya.

---

28. *Comprender a su hijo. Desde el primer llanto a la adolescencia*, Dorothy Einon, Ed. Medici.

¿Se pueden evitar las rabietas?

No se trata de razonar con el niño ya que a esta edad es más que imposible pero sí que podemos aplicar unas sencillas pautas para poder evitar estas rabietas:

➤ Evita las situaciones conflictivas (se ven venir).

➤ Refuerza su comportamiento positivo: elógialo para que aprenda qué esperamos de él en cada situación.

➤ Establece normas claras y precisas.

Formas de abordar las rabietas

Te ofrezco unas sencillas herramientas para que puedas abordar las rabietas una vez se han iniciado:

1. **Desvía su atención.** A veces, con algo tan simple como distraer al niño con otra actividad o cambiando de tema, esta desaparece: introducimos una actividad novedosa, nos inventamos un juego... Lo importante es presentarle algo que hacer que se salga de lo habitual. Aquí debemos desplegar toda nuestra creatividad como educadores con talento.

2. **Ignóralas.** Si puedes, una vez se desencadena la rabieta, ignórala y mantente firme. Márchate de la habitación si es necesario. En palabras de Dorothy Einon «las rabietas no se producen en el vacío, ocurren en el contexto de relación». Por tanto, si no estás presente para ser testigo de la rabieta, esta acabará.

En ocasiones estas rabietas se presentarán en público, fuera de casa. Muchos padres acaban cediendo en esta situación por vergüenza y no saber cómo actuar. Debemos hacerlo con serenidad y firmeza dejando a un lado las opiniones de los que nos están mirando. Sé que es difícil, pero nadie dijo que esta tarea fuese sencilla, ¿no crees?

No podemos…

➤ **Ceder.** Los niños aprenden que con las rabietas consiguen lo que quieren. Esto hará que se repitan con mayor frecuencia.

➤ **Hacer uso del castigo físico (cachete).** No podemos abordar las rabietas con un cachete, pues incrementaremos su frecuencia y duración. Un cachete a tiempo siempre es a destiempo y tiene consecuencias (por supuesto, negativas).

Trata a tu hijo con respeto

Este es quizás el consejo más importante que te voy a dar en todo el libro. Te ayudará a comprender mejor a tu hijo y a ponerte en su lugar. Trata a tu hijo como te gustaría que te tratasen a ti. Trátalo con el mismo respeto, cariño y comprensión que exiges para ti. Trátalo de la misma forma que te gustaría que lo tratasen los demás. De este modo el niño percibirá el mensaje de que queremos lo mejor para él.

Cualquier método educativo que no escuche al niño ni lo trate con respeto está condenado al fracaso. Observa atentamente a tu alrededor y comprobarás la gran cantidad de faltas de respeto que se cometen con los niños. Y esto, lo queramos o no, tiene consecuencias.

Recientemente leía una entrevista a la periodista Glòria Serra en la que afirmaba algo muy importante:

> Debemos ser conscientes de que no tenemos un niño entre las manos, sino que tenemos una persona. A veces los adultos somos un poco impositivos. Aunque la disciplina y la organización son muy importantes, a veces perdemos de vista que un niño tiene el mismo amor o desamor por los sabores que noso-

tros, que a veces hay un día que está cansado, como nos pasa a nosotros, o que hay cosas que sencillamente le gustan más. Aprender a respetar a nuestros hijos para mí es una asignatura difícil e importante.

Estas son mis tres recomendaciones básicas para educar a tu hijo con respeto:

1. **Escucha y atiende a tu hijo como se merece.** Aprende a leer más allá de lo que está diciendo. Te dará muchas pistas sobre cómo debes actuar con él.

2. **Controla tus emociones:** no reacciones de manera desmesurada, ni con gritos ni golpes. Recuerda que eres un ejemplo de salud emocional para tu hijo.

3. **Comprende que tu hijo también tiene derecho a enfadarse** y expresar sus sentimientos. Escucha su enfado y deja a un lado expresiones del tipo: «tiene que hacer lo que yo le digo» o «¿pero este qué se ha pensado? Ahora verá…» No se trata de imponer nuestra autoridad. Antes de actuar piensa muy bien en quien tienes delante.

Tu hijo no es perfecto

Esto es algo que debes tener siempre presente: tu hijo no es perfecto. Un error muy común es pretender que tus hijos se comporten y actúen de una manera ideal: que se comporten como tú quieres, que hablen como tú quieres, que no den problemas, que no lloren, que hagan caso a la primera... Pero esto no es posible: bienvenido al mundo real.

Ya hemos comentado anteriormente que los padres no somos perfectos ni debemos aspirar a serlo. Del mismo modo, nuestros hijos tampoco lo son. En palabras de Paloma López Cayhuela:[29]

---

29. *Educar amando desde el minuto cero*, Paloma López Cayhuela, Desclée De Brouwer.

Hay que controlar bastante los sueños con respecto a los hijos porque a menudo son una fuente de frustración. Comprobarás día a día cómo el hijo se aleja de todo aquello que teníamos programado para su éxito y felicidad, y esto a menudo nos aleja del hijo real: fijándonos en todo aquello a lo que no puede o no quiere llegar, acabamos por no ver su grandeza, lo que sí es capaz de conseguir. Estamos más ocupados en comparar al hijo real con el hijo ideal, que en estar allí fortaleciendo las debilidades y apoyando sus esfuerzos.

Por este motivo debemos ser pacientes, escuchar atentamente a nuestros hijos y atender a las necesidades propias de cada etapa. Cada cosa a su tiempo, aceptando las cosas tal y como son sin querer avanzar etapas ni idealizar a nuestro hijo que es único y con unas características propias que lo definen.

Estas 4 sencillas recomendaciones te ayudarán a comprender a tu hijo y no pretender que sea perfecto:

1. **Acepta sus errores y equivocaciones.** Son magníficas oportunidades para aprender y crecer.

2. **Sé realista:** ten en cuenta sus capacidades y limitaciones. Adapta tus peticiones a su edad y características.

3. **Respeta sus tiempos:** cada niño es distinto y consigue hacer las cosas a su debido tiempo.

4. **Reconoce su esfuerzo** y valora sus progresos.

Trata a tu hijo como realmente es, teniendo en cuenta su edad, carácter y circunstancias. Ponte en su lugar y recuerda cómo eras tú a su misma edad. Recuerda cómo te hubiera gustado que te trataran a ti en ese momento. Si actúas de este modo el niño se sentirá querido y aceptado. Es justo lo que necesita para crecer en todos los sentidos.

Favorece su autonomía

El psicoanalista Donald Winnicot (1896-1971) realizó una afirmación muy certera:[30]

> La vida es un camino de la dependencia total a la independencia total

Esto es posible gracias a la educación y por este motivo los padres debemos favorecer la autonomía de nuestros hijos desde que son pequeños. Esto les permitirá valerse por sí mismos y no tener que depender siempre de los adultos.

De hecho, a los niños les gusta saber hacer las cosas ellos mismos y así lo verbalizan: «yo solito papá/mamá» e incluso llegan a enfadarse si les ayudamos.

Ejemplo. Tu hijo se despierta por la mañana y en lugar de dejarle que se ponga él la ropa se la pones tú. Es lo más fácil y cómodo. De este modo no favorecemos su autonomía. Si el niño está preparado y motivado para hacerlo y quiere vestirse solo, ¿por qué se lo impedimos? Debemos confiar en él y sobre todo tener mucha paciencia.

No nos damos cuenta de que «sobreprotegiendo» al niño no le estamos ayudando en nada sino todo lo contrario: la sobreprotección es la desprotección más absoluta.

Hay una máxima que debemos tener presente:

«NO HAGAS POR EL NIÑO LO QUE ÉL PUEDE HACER
POR SÍ MISMO»

---

30. *El reto de ser padres*, Joseph Knobel Freud, B de Books.

Características de los niños que son poco autónomos

Son más…

- ➤ Inseguros.
- ➤ Infelices.
- ➤ Vulnerables.

Son niños que dependen de los padres para todo.

Características de los niños que son autónomos

Por el contrario, los niños que son autónomos crecen:

- ➤ Seguros.
- ➤ Confiados.
- ➤ Capaces.
- ➤ Felices.
- ➤ Tranquilos.
- ➤ Responsables

El niño al que le enseñamos a valerse por sí mismo crece con la seguridad de que puede seguir avanzando con la ayuda y supervisión de los adultos, que le impulsamos a crecer y mejorar pero no a depender de nosotros.

Como muy bien señala Maite Vallet:[31]

> A lo largo de la infancia, para crecer, el niño necesitará asumir constantes desprendimientos: el parto, el destete, el paso de alimento líquido a sólido, el paso de ser alimentado a utilizar los cubiertos; pasará de arrastrarse a gatear, de gatear a ponerse de pie, de andar a correr, saltar y trepar; de no controlar sus

---

31. *Educar a niños de 0 a 6 años*, Maite Vallet, Editorial Wosters Kluwer.

esfínteres a controlarlos; de ser bañado y vestido a bañarse y vestirse; de vivir en un entorno familiar conocido a asistir diariamente a un entorno escolar...

Por tanto, los padres ayudamos a nuestros hijos a crecer cuando le enseñamos a desprenderse de nosotros, cuando le permitimos aprender a ser autónomos.

Recomendaciones para los padres

- ➤ **Constancia.** Si queremos que el niño se vista solo debemos ser constantes y hacerlo todo los días. No podemos decirle un día que tiene que hacerlo solo y al siguiente vestirlo nosotros.

- ➤ **Explicarle cómo debe hacerlo.** Los padres debemos darle las indicaciones necesarias para que haga lo que le estamos pidiendo.

- ➤ **Deja que cometa errores.** Están en proceso de aprendizaje y por ello ante cualquier error no debemos intervenir y acabar haciéndolo nosotros.

- ➤ **Valora y reconoce sus logros** A medida que el niño va consiguiendo hacer las cosas por sí mismo debemos felicitarlo y elogiarlo ya que le animará y motivará a continuar así.

Regreso al trabajo, ¿con quién dejamos al niño?

Acaba el permiso de maternidad/paternidad y tenemos que empezar a pensar con quién dejamos al niño porque vamos a reincorporarnos a nuestro trabajo. Lo más importante en esta situación es eliminar el sentimiento de culpa que nos invade y dejar a un lado frases como: «qué mal estoy. Tengo la sensación de que voy a dejarlo abandonando...» o «¿pero quién va a cuidar a mi hijo mejor que yo?».

Es lógico y normal que nos sintamos así porque hemos vivido un periodo muy intenso en el que hemos pasado mucho tiempo con nuestro hijo, pero ahora toca volver al trabajo... ¿Qué hacemos?

¿Qué opciones tenemos?

EXCEDENCIA

La primera opción es solicitar una excedencia. Durante los tres primeros años de la vida del bebé, el padre o la madre pueden abandonar temporalmente su puesto de trabajo solicitando una excedencia, sin recibir ningún tipo de salario. El permiso de trabajo es por un periodo máximo de tres años para cuidar al hijo, sea biológico, por adopción o por acogimiento (permanente o preadoptivo). Se puede solicitar desde el nacimiento o desde que se hace firme la resolución administrativa o judicial de la adopción o del acogimiento.

Debido a nuestras circunstancias personales, no todos tenemos la opción de poder solicitar una excedencia. Nos tenemos que plantear entonces con quién dejamos al niño cuando ninguno de los dos esté. Veamos qué opciones tenemos así como los pros y contras de cada una de ellas:

ABUELOS

Para muchos es la opción ideal. Pero a la hora de tomar una decisión hemos de tener en cuenta cómo son los abuelos y la disposición que muestran.

A favor:

➤ No dejas al niño en manos de desconocidos.

➤ Se refuerza el vínculo.

➤ Resuelven situaciones especialmente conflictivas.

En contra:

> ➤ Hay algunos abuelos que no tienen edad para estar «batallando» con los nietos.

> ➤ Desacuerdos en las normas.

> ➤ Que los padres deleguen la educación del hijo en los abuelos.

> ➤ Algunos abuelos ven mermada su vida social por tener que cuidar de los nietos.

Hay que dejar claro que las decisiones y criterios importantes serán tomados por los padres.

CUIDADORA EN CASA

Es una buena opción si te lo puedes permitir. Ha de ser bien elegida y de total confianza. A la hora de llevar a cabo la elección debemos tener en cuenta:

> ➤ Las necesidades de tus hijos.

> ➤ Observa las reacciones del niño ante la persona nueva.

> ➤ El niño necesita un periodo de adaptación y de conocimiento.

> ➤ No existe la niñera perfecta pero sí la idónea para tus hijos.

> ➤ Pídele experiencia y recomendaciones.

A favor:

> ➤ Atención personalizada.

> ➤ Permanece en el ambiente familiar.

En contra:

> ➤ El precio.

> ➤ Encontrar a la persona adecuada en ocasiones es difícil.

ESCUELA INFANTIL

Es la opción más común. Aquí el niño está atendido en todo momento por profesionales. Como muy bien destaca Javier Urra:[32]

> Una Escuela Infantil no es, no ha de ser, una guardería, sino un espacio específico donde se programan y realizan actividades para estimular a los niños, para crearles hábitos positivos de autonomía y convivencia.

A favor:

➤ Está en contacto con otros niños de su edad (el contacto con iguales es esencial).

➤ Tiene acceso a distintos tipos de actividades a lo largo del día.

En contra:

➤ Horarios rígidos.

➤ No gozan de la atención exclusiva de un adulto.

➤ Suelen ponerse enfermos con frecuencia.

Te recomiendo que dediques un tiempo a observar y conocer el centro donde te has planteado llevar a tu hijo. En la medida de lo posible habla con los padres que ya llevan a sus hijos allí.

En definitiva, toméis la decisión que toméis debéis ser positivos y realizar afirmaciones como: «sigo siendo un buen padre» o «mi hijo está en buenas manos y está viviendo una experiencia maravillosa».

---

32. *Educar con sentido común*, Javier Urra, Ed. Aguilar.

#Leído en internet

Las 10 frases que todo hijo debe escuchar

1. Eres muy especial.
2. Lo hiciste muy bien.
3. Cuentas conmigo.
4. ¡Tú puedes!
5. Inténtalo hasta que lo logres.
6. Estoy orgulloso de ti.
7. Te amo.
8. Eres lo más importante para mi.
9. Eres único/a.
10. Me encanta ser tu papá/mamá.

La manera en que tú lo valores, aceptes y cuides marcará la percepción de sí mismo.

> «*Children* want your *presence* not your *presents*»
>
> (Los niños quieren tu presencia no tus regalos)

#4 citas en las que inspirarte

1. *Los niños tienen más necesidad de modelos que de críticos.*
   CAROLYN COATS

2. *No somos perfectos y ahí radica la fuerza de la educación.*
   VICTORIA CARDONA

3. *El aprendizaje produce, mediante el esfuerzo, todo lo hermoso.*
   DEMÓCRITO

4. *Las pataletas de nuestros hijos serán menores cuando pueda verbalizar y explicar a sus padres lo que quiere y lo que le pasa.*

Victoria Cardona

5

Infancia: está creciendo

*Lo maravilloso de la infancia es que cualquier cosa
en ella es una maravilla.*

GILBERT KEITH CHESTERTON

Tu hijo está experimentando una gran cantidad de cambios. Ya no es el bebé que estaba la mayor parte del tiempo tumbado y reaccionaba por reflejos. Ahora empieza a adquirir mayor autonomía y a moverse con libertad. Además está aprendiendo a comunicarse (aprende nuevas palabras y amplía su vocabulario). Pero aquí no acaba todo, a tu hijo le quedan muchísimas cosas por aprender y descubrir.

Entramos en una etapa en la que tu papel como padre es fundamental. Debes dotar a tu hijo de confianza y seguridad respetando su ritmo. Él debe percibir que estás ahí acompañándolo, siendo su punto de referencia y ayudándole en todo momento a descubrir el maravilloso mundo que se abre ante él.

La maravilla de la infancia

La infancia es una etapa maravillosa, quizás la más importante y decisiva de nuestras vidas. Lo que ocurre es que actualmente vivimos en una sociedad muy acelerada que, en muchas ocasiones, está acortando el tiempo de la infancia y adelantando otras etapas posteriores (por ejemplo, la adolescencia), fruto de la sociedad de consumo que nos empuja y arrastra.

Carl Honoré explica:

> En la actualidad nos encontramos con que los niños se han adultizado pero al mismo tiempo se han infantilizado.

¿Cómo puede ser esto? Sencillo, porque por un lado les presionamos para que sean adultos cada vez más pronto: uso del teléfono móvil a temprana edad, navegar por internet... Y, al mismo tiempo, los infantilizamos por temor a que les ocurra algo: no les dejamos que salgan solos a la calle, no les dejamos que disfruten en los columpios (por si se caen y se hacen daño). En definitiva: les sobreprotegemos.

No olvidemos que una generación que no viva su infancia plenamente es una generación que habrá perdido la alegría de ser niño y de sonreír. Esto puede tener consecuencias terribles. Por este motivo debemos recuperar la infancia, el tiempo para ser niños.

Etapa de los porqués

Entre los 5 y 7 años se inicia una etapa en la que el niño empieza a cuestionarlo todo. Es un periodo en el que, además de demostrar que poseemos los conocimientos para dar respuesta a sus inquietudes, debemos demostrar sobre todo que tenemos muchísima paciencia. Debemos explicarle al niño las cosas con sencillez y de manera concreta para que lo entienda. Lo más importante es que siempre hemos de dar una respuesta a sus preguntas y no ignorarlas, pues de este modo no satisfacemos su curiosidad y deseo de aprender más cosas.

LENGUAJE

- En esta etapa el niño va ampliando su vocabulario.
- Mejora la pronunciación de las palabras.
- Hacen uso de oraciones cada vez más complejas.
- A los 3 años tienen un vocabulario de aproximadamente 1.000 palabras.
- A los 6 años conocerán alrededor de 10.000 palabras.

Debemos seguir evitando…

- El uso excesivo de diminutivos.

- Repetir las frases como él las dice (con los mismos errores) pues le inducimos a que lo siga diciendo mal.

El juego (II). Juguetes para niños de 3 a 6 años

En el capítulo anterior ya hemos hablado de la gran importancia del juego como elemento fundamental en la vida del niño. En esta etapa aparece otro tipo de juego que es esencial para su desarrollo: el juego simbólico. Con este tipo de juego el niño imagina y representa acciones y situaciones de la vida real: juegan a «papás y mamás», a «hacer comiditas» con la arena del parque, a médicos...

El juego simbólico es muy importante para la maduración personal del niño. A través del mismo aprenden los papeles sociales. Carl Honoré opina:

Jugar en grupo sin adultos que dirijan el espectáculo enseña a los niños a intuir los sentimientos de otras personas y manejar la frustración y las concesiones que forman parte de las relaciones humanas. Basta con observar cómo un par de niños de tres años construyen una casa con ramitas del jardín. Reúnen material, negocian cómo montarlo, crean reglas, discuten sobre quién coloca qué y dónde. En los juegos libres los niños también empiezan a descubrir sus propios intereses y pasiones, sus puntos fuertes y débiles.

Juguetes

En esta etapa los juguetes que seleccionemos para nuestros hijos deben seguir reuniendo las características que he mencionado en el capítulo anterior: seguridad, manejabilidad, valor educativo, simplicidad, adaptarse a las necesidades del niño...

Entre los juguetes que se adaptan a la edad de los niños de 3 a 6 años encontramos:

➤ Juegos de construcción: rompecabezas, cubos, plastilina, bolas de ensartar... Le ayudarán a desarrollar la motricidad fina.

➤ Juguetes para disfrutar al aire libre: triciclos, combas, cubos, palas, primeras bicicletas...

➤ Pinturas, disfraces, máscaras, sombreros... que le ayudarán a disfrutar del juego simbólico y representar escenas familiares.

➤ Juguetes de arrastre: camiones, trenes de madera...

➤ Instrumentos musicales: tambores, panderetas (se pueden construir con material reciclado).

➤ Juguetes para estimular el lenguaje, memoria y capacidad de concentración: juegos de mesa, memos, puzles, juguetes con cuentos...

También se aburren

No podemos (ni debemos) programar al minuto la vida de nuestros hijos. Debemos permitir que también se aburran y desarrollen la imaginación. En palabras de Gregorio Luri:

> En todo el mundo occidental pasa lo mismo: los niños de clase media están demasiado ocupados con actividades extraescolares de todo tipo que los mantienen hiperocupados […] Hay muchos niños que no saben qué es enfrentarse a un fin de semana sin nada planeado. Precisamente por eso es necesario enseñar a aburrirse y, muy especialmente, hay que enseñarles a convivir con la soledad, haciéndola fértil. La fruición de la soledad exige una práctica, una habituación, una experiencia. Por ejemplo: si todo el mundo enseña a los jóvenes a usar la tecnología, ¿quién les enseña a no usarla?

La otra carta: porque todo no se puede comprar

Hace ya un tiempo que circula por la red un precioso vídeo bajo el título «La otra carta». Se trata de un vídeo elaborado por IKEA que dura poco más de dos minutos. En él, la multinacional sueca pregunta a diez niños, con sus respectivas familias, cómo sería su carta a los Reyes Magos, pero también qué es lo que pedirían a sus padres. El resultado es precioso y nos invita a pensar y reflexionar sobre aquello que ofrecemos a nuestros hijos (que muchas veces no coincide con lo que realmente desean).

Del anuncio me quedo con las peticiones que hacen los hijos a sus padres:

1. Quiero que estés más tiempo conmigo.
2. Quiero que hagamos más experimentos en casa.
3. Quiero que nos hagáis un poco más de caso.
4. Me gustaría que cenarais más con nosotros.

También me gustaría detenerme en la pregunta que le hacen a los padres: «¿Os sorprende que os pidan esto?».

> La verdad es que no nos sorprende.

> Es que tienen demasiados juguetes.

> Les llenamos ese vacío con un juguete.

Es momento de reflexionar y transmitir algo esencial a nuestros hijos: hay cosas que no tienen precio y todo no se puede comprar: la amistad, un favor, una puesta de sol, la gratitud, unas palabras de cariño, una sonrisa… No podemos acostumbrarlos a que todo tiene una recompensa económica o en su defecto un regalo material. Si realmente quieres a tu hijo dale lo más importante: tiempo y afecto. Cosas que no se compran y son mucho más valiosas. Porque muchas veces, ese vacío afectivo lo pretendemos llenar con cosas materiales pero el afecto no se puede comprar.

Catherine L'Ecuyer, en su blog «Apego y Asombro» relata el caso de un profesor que un día se le ocurrió preguntar a sus alumnos de secundaria «¿qué profesión te gustaría tener de mayor? ¿Te gustaría tener la misma profesión que alguno de tus padres?». El 98% de los alumnos respondieron que no les gustaría, «porque nunca están en casa». Tremendamente significativo.

> ☑ **Actividad**. ¿Qué crees que escribiría tu hijo en «la otra carta? Te invito a hacer la prueba. Seguro que te sorprendes. ¿O no?

Empieza el cole de mayores. Adaptación

En esta etapa se da otro cambio significativo en la vida del niño: empieza a ir al colegio. Esto le ayudará a ampliar su círculo social ya que, hasta el momento, los padres, los familiares y amigos cercanos habíais sido su principal punto de referencia. Es importante que tanto los padres como el niño estemos preparados para afrontar una entrada exitosa en el colegio.

Hemos de tener en cuenta que el niño va a ir a un lugar nuevo para él donde va a pasar un determinado tiempo con personas «desconocidas» (al menos la gran mayoría), realizando actividades que requieren un esfuerzo y sometidos a una serie de normas y rutinas a las que no todos están habituados.

Debemos tener en cuenta algunas pautas para facilitar su integración escolar:

- ➤ Es importante que le hablemos de la escuela y de lo que va a aprender allí.

- ➤ Debemos presentarle el colegio como un lugar agradable donde estará con más niños y aprenderá multitud de cosas (visión positiva).

- ➤ Desdramaticemos la situación. No seamos más infantiles que los propios niños.

- ➤ Es importante hacer una visita al centro antes del primer día para que vean el patio, la clase y, si es posible, puedan conocer a su profesor. De este modo facilitaremos el periodo de adaptación.

- ➤ No mostremos excesiva preocupación.

Lo importante es que dispongan de la mayor información posible sobre esta nueva etapa, ya que les ayudará a afrontar ese «miedo a lo desconocido».

Consejos para los días previos a las clases

El inicio de las clases supone un gran cambio en nuestra rutina cotidiana. Por este motivo es aconsejable:

➤ Ir adaptando progresivamente el horario de dormir-despertar del niño al que tendrán cuando empiece el cole.

➤ No dejar todo para el último día: preparar el material…

➤ Entrar en contacto con los amigos del cole: que vengan a casa, se encuentren en el parque…

➤ Hablar con el niño sobre el cole y su nueva etapa pero sin que esto se convierta en el tema central de nuestras conversaciones. Lo importante es que escuchemos al niño: sus miedos, inquietudes…

No quiere ir al cole

Los problemas de adaptación al cole son absolutamente normales. Hemos de tener en cuenta que para el niño supone enfrentarse a una situación nueva: un entorno totalmente nuevo regido por unas rutinas y un horario establecido, donde ha de competir por el juguete que les gusta, por la atención del adulto con el resto de compañeros…

En ese proceso de adaptación al cole son totalmente normales algunas actitudes por parte del niño:

➤ Lloros y rabietas.

➤ Negación a la hora de acudir al cole.

➤ Conductas negativistas.

➤ Dolores somáticos (dolor de cabeza o de estómago justo antes de salir hacia el cole).

➤ Problemas para conciliar el sueño (sobre todo los domingos).

Esta negación a ir al cole puede aparecer también después de un periodo en el que el niño ha estado en casa en compañía de sus padres, o después de las vacaciones de verano…

¿Qué podemos hacer los padres?

Ante todo mostrar una actitud serena pero firme. Nuestra obligación es mostrarle la parte positiva de ir al cole: todos los niños van y se divierten. Lo que más necesitan en este momento es nuestra comprensión, que les digamos que entendemos cómo se sienten y que confiamos en que van a superar esta etapa. Además, debemos mantener un contacto fluido con el profesor o profesora del niño para ver cómo evoluciona en este periodo de adaptación. Importante: no usar el colegio como un premio o castigo («si vas al colegio te compraré un regalo»).

Colabora con la escuela de tu hijo

Ahora que tu hijo ya va al cole tu labor educativa se convierte en una tarea compartida con los profesores de tu hijo. Hay numerosos motivos para que nos tomemos esta colaboración muy en serio. Estos son solo algunos:

➤ Cuando los padres se implican en la educación de sus hijos en casa, estos tienen mejores resultados en la escuela. Y cuando los padres se implican en la escuela, los niños permanecen más tiempo dentro del sistema educativo, y las escuelas lo hacen mejor» (Henderson & Berla).

➤ Cuando niños y padres hablan regularmente sobre la escuela, los resultados académicos de los niños son mejores (Ho & Wilms).

➤ Hay algunas actividades de los padres en casa que están firmemente asociadas con el éxito escolar de los niños: ayudar a que el niño organice su tiempo, ayudarle con los deberes y hablar con él de los temas escolares. La vigilancia para que los alumnos realicen las tareas en casa, la lectura de los padres a los niños y la participación en actividades voluntarias tienen una influencia positiva en la educación de los niños (Jordan, Orozco & Averet).

➤ Cuanto antes comience la implicación de los padres en la educación de sus hijos, más poderosos serán los efectos (Cotton & Wikelund).

➤ Los resultados de la implicación parental incluyen una mejora de los resultados escolares, reducción del absentismo, mejora de la conducta y restaura la confianza de los padres en el sistema educativo («The Home-School Connection Selected Partnership Programs in Large Cities», Institute for Responsive Education, Boston)

➤ La idea que los padres tienen de la educación influye en su actitud y en los resultados.

➤ El alejamiento de la familia respecto de la escuela favorece el fracaso escolar.

Pero los padres se preguntan: ¿qué puedo hacer yo para implicarme? ¿De qué forma puedo colaborar en la escuela de mis hijos? Me gustaría ofrecerte algunas claves para ayudar a que esta implicación sea real y efectiva:

1. Busca la forma de presentarte y conocer mejor a los profesores de tus hijos al inicio de curso. La primera toma de contacto es fundamental para intercambiar impresiones. Aquí podemos manifestar nuestras intenciones de formar equipo.

2. Muestra tu agradecimiento y satisfacción hacia el centro educativo y su profesorado por algo que hayan realizado. No podemos únicamente criticar y quejarnos cuando se hace algo mal en la escuela. Lo que está bien hecho también ha de reconocerse y valorarse.

3. Haz llegar al centro tus ideas, sugerencias, aportaciones y preocupaciones para que las tomen en consideración. Si no recibes la respuesta esperada, sigue insistiendo. Busca

otras formas y fórmulas para hacer llegar tus propuestas. Nunca pienses que eres un pesado.

4. Practica de vez en cuando la empatía poniéndote en el lugar del profesor o del equipo directivo del centro: ¿de qué forma actuarías tú en su posición?

5. Si tienes algún problema, háblalo directamente con la persona que corresponda. Evita los famosos «corrillos» a las puertas del colegio que tan dañinos y tóxicos son. Hay lugares y momentos concretos para resolver estos temas. Hagámoslo donde y como corresponde.

6. Nunca te enfrentes con el profesor de tu hijo. Busca siempre la forma de llegar a un entendimiento a través de una buena y sincera comunicación.

7. Cuando hables con el profesorado sé sincero, no hagas uso de un «doble lenguaje» (delante digo una cosa pero por detrás otra distinta).

☑ **Actividad.** Tú puedes enriquecer en gran medida la educación de tus hijos colaborando y participando activamente en la escuela. Plantéate la siguiente cuestión: ¿qué estoy haciendo yo para mejorar la escuela de mis hijos? No eches la culpa a la escuela y su entorno. Tampoco eches la culpa al profesorado. Hacerlo es hacerse la víctima y en este mundo ya hay demasiada gente que lo hace. Culpar a los demás es poner excusas. ¿Qué es lo que te gusta de la escuela de tus hijos? ¿Qué puedes hacer para implicarte más todavía? Escríbelo en una lista. Después haz algo para mejorar las cosas. Ponerlo por escrito es el primer paso pero no basta con escribirlo, es necesario pasar a la acción.

Como afirma Robin Sharma, «¿Sabes lo que pasa cuando trabajas en tu esfera de influencia para mejorar las cosas? Que tu esfera de influencia crece y se expande». Por tanto, cumple con tu compromiso. La escuela de tus hijos será un lugar me-

> jor si lo haces. Acuéstate cada día pudiendo afirmar: «la escuela de mis hijos es la mejor porque yo colaboro con ella».
>
> *No hace falta que ilumines el mundo; bastará con que ilumines el rincón del mundo en que te ha tocado estar.*
>
> **Suzuki**, maestro Zen

Tareas en casa. Responsabilidades

A partir de los 3 años el niño ya puede empezar a llevar a cabo pequeñas tareas de la casa. Podemos empezar con tareas sencillas como ayudar a poner y quitar la mesa.

El niño tiene que asumir que en casa todos tenemos asignadas tareas y responsabilidades que llevar a cabo. Todos debemos colaborar y compartir estas tareas: como siempre, educamos con nuestro ejemplo.

Claves para que cumpla con estas responsabilidades:

- ➤ Cuando el niño termine la tarea debemos valorar lo que ha hecho mostrándoles nuestro afecto y alegría. Debemos elogiar el comportamiento, no la persona.

- ➤ Si se niega a realizar la tarea tenemos que animarlo a que la haga ayudándole si es necesario.

- ➤ Si no lo hace bien debemos valorar su esfuerzo e indicarle cómo puede mejorar. Tenemos que animarle a que lo vuelva a intentar.

Comunicación

Habla cada día con tu hijo. Dedica tiempo y cuida la comunicación: no esperes a que sea más mayor para hablar, pues luego será él el que no quiera hacerlo. Aprovecha esta etapa ya que tu hijo, además de entender muchas cosas, muestra una gran curiosidad por todo.

Miedos

El miedo es una emoción básica, común en todos los seres humanos. Los miedos irán cambiando a lo largo de la infancia y desapareciendo de manera progresiva. Es muy habitual que los niños de 3 a 6 años tengan miedo a la oscuridad, a los perros, a los «monstruos» o «fantasmas», a las personas extrañas, etc. Lo importante es que le transmitamos seguridad, tranquilidad a través de nuestra comprensión y cariño. Un buen consejo es el que nos ofrece Belén Piñeiro:[33]

> Lo primero que necesitas hacer para afrontar los miedos de tu hijo, es aceptarlo.
>
> Por tanto, para ayudar a superar los miedos a tus hijos debes:
>
> - Aceptarlo.
> - Recuerda que tú también tienes miedo.
> - Si pierdes el control, trata de no mostrárselo a tu hijo.
> - Comprensión y paciencia.
> - No le ignores. No le ridiculices. No le critiques.
> - Ayúdale a prepararse poco a poco.
> - Habla con él. Profundiza en el tema.
> - Ofrécele estrategias.
> - Si es grave, busca ayuda de un profesional.

---

33. *La Cajita Come-Miedos: Descubre cómo ahuyentar los temores de tus niños*, Belén Piñeiro.

El valor de la amistad

La amistad es un valor fundamental que debemos cultivar y transmitir a nuestros hijos. Hacer amigos va más allá de tener compañía y estar bien: al niño le aporta seguridad, le ayuda a conocer mejor a los demás y a sí mismo, le ayuda a superar el egocentrismo y, sobre todo, a aprender algo que es muy importante y le será útil toda la vida: saber esperar, cooperar, compartir y respetar los sentimientos de los demás.

Beneficios de tener amigos siendo niños

➤ El niño aprende a ponerse en el lugar del otro y a respetar los sentimientos ajenos (empatía).

➤ Mejora su autoestima.

➤ Le ayudan a socializarse, algo fundamental para su desarrollo.

➤ Aumenta el rendimiento escolar.

➤ Aprende a relacionarse con los demás.

Nuestra actitud como padres debe ser de observación y ayuda en el proceso de hacer amigos fomentando sus habilidades sociales.

¿Cómo podemos fomentar sus habilidades sociales?

Las habilidades sociales son aquellas capacidades que permiten al niño interactuar con sus iguales y con su entrono de una manera socialmente aceptable. Estas habilidades requieren de un proceso de aprendizaje basado en la observación y la práctica, de ahí la importancia que tenemos los padres para facilitar y fomentar la adquisición de estas habilidades. Podemos hacerlo de la siguiente forma:

1. La principal manera de fomentar sus habilidades sociales es a través de nuestro ejemplo. El niño observa cómo tratamos a nuestros amigos: con afecto, respeto, etc. Esto les enseña a cuidar sus cosas y respetar las de los demás. El niño tiene que ver que hacemos favores a nuestros amigos, que nos acordamos de fechas señaladas y les llamamos...

2. No hablar mal de sus amigos. El niño elige los amigos con los que quiere jugar, no debemos hablar mal de ellos ni ofrecerle una visión negativa a nuestro hijo.

3. Dale oportunidades para hacer uso de estas habilidades. Hay que ofrecerle experiencias que le posibiliten relacionarse en distintas situaciones.

4. Enséñale a pedir las cosas por favor, decir gracias, compartir los juguetes…

5. Destaquemos la importancia de saber pedir perdón si ha hecho daño a alguien.

6. Fomenta la capacidad de escuchar a los demás. Aquí nuestro ejemplo es fundamental pues debemos escuchar más a nuestros hijos cuando nos cuentan sus cosas, sus preocupaciones…

¿Le cuesta hacer amigos? Tú puedes ayudarle

Hay niños a los que les cuesta hacer amigos y por este motivo precisan de nuestra atención. Si a tu hijo le cuesta hacer amigos tú puedes (y debes) ayudarle, ya que es un proceso que requiere de un aprendizaje. Veamos de qué forma puedes hacerlo:

➤ Debemos respetar el ritmo de cada niño: no le presiones jamás para que hable o juegue con otros niños si él no quiere hacerlo.

➤ Hemos de tener en cuenta el carácter del niño: hay niños más extrovertidos y otros más introvertidos.

➤ Observa de qué forma se comporta cuando está con otros niños o adultos: ¿le cuesta iniciar una conversación?, ¿cómo trata a los demás?, ¿comparte sus cosas?, ¿se muestra agresivo?

➤ Invita a casa a los amigos con los que mejor conecte con el objetivo de que vaya adquiriendo confianza.

➤ Elogia sus avances por pequeños que sean. Esto le ayudará a confiar más en sí mismo y seguir en esa línea.

Celos y rivalidad entre hermanos

Continuamente recibo en mi correo consultas de madres y padres que participan en mis talleres y cursos de formación para familias. Recientemente recibí una pregunta en referencia a la preocupación de una madre por los posibles celos de su hija ante el nacimiento inminente de su hermano:

> *Tengo una hija de cinco años y en unos meses daré a luz a mi pequeño. Estoy muy preocupada por los celos que pueda manifestar mi hija, ¿cómo podemos prepararla?*

Hay que tener en cuenta que los celos no tienen por qué aparecer siempre (se producen más si la diferencia de edad es de cuatro a seis años). Se manifiestan con rabietas, demandas de atención... También pueden aparecer en el mayor retrocesos como mojar la cama, chuparse el dedo, imitar la forma infantil de hablar del hermano… Hay que destacar que dependen de la respuesta que los adultos damos a este acontecimiento. Si antes tenía nuestra atención exclusiva y ahora cada vez que hace o dice algo le decimos que no lo haga porque molestará a su hermano, ¿cómo se va a sentir? Lo más normal es que surjan celos, ¿no crees?

En ocasiones resulta muy difícil evitar los celos entre hermanos por mucho que nos empeñemos, pero sí podemos poner de nuestra parte para que se transformen en una experiencia positiva que haga que nuestro hijo crezca feliz, equilibrado y autónomo.

Veamos de qué forma podemos facilitar la aceptación de su nuevo hermano:

1. Lo primero que debemos hacer es preparar la llegada del mismo insistiéndole en las ventajas de tener un hermano (por ejemplo, que será un gran compañero de juego).

2. Podemos implicarles en la preparación de la cuna, la habitación, los juguetes del bebé. Le ayudará a sentirse importante.

3. Debes seguir dedicando a tu hijo la atención que necesita.

4. Hazle partícipe del cuidado del bebé: que te ayude a bañarlo, darle de comer…

5. Dedica un «tiempo exclusivo» para estar con tu hijo.

6. Debemos evitar las comparaciones y, si lo hacemos, en la comparación debe «salir ganando» el mayor.

7. Cuando vengan otros adultos a casa (familiares, amigos…) hay que evitar que centren su atención exclusivamente en el bebé.

Podemos llevar a cabo muchas más acciones para evitar los celos entre hermanos pero he querido resumirlo en estos puntos. En la «Escuela de Padres con talento» damos especial importancia a este problema y dedicamos varias sesiones a trabajar con las familias ofreciendo una serie de pautas que les ayuden a mejorar esta situación.

Educar en equipo: DAFO familiar

Te propongo que elabores tu «DAFO familiar». Vas a necesitar papel y lápiz (puedes hacerlo en el cuaderno que seguro que ya te has comprado). Se trata de un método que te permitirá analizar la situación concreta de tu realidad familiar. La palabra DAFO corresponde a las iniciales de las palabras:

DEBILIDADES

AMENAZAS

FORTALEZAS

OPORTUNIDADES

DEBILIDADES. Vamos a tratar de descubrir y señalar cuáles son nuestros puntos débiles como educadores y en qué debemos mejorar.

AMENAZAS. Son aquellas situaciones negativas externas que pueden llegar a generarnos problemas futuros.

FORTALEZAS. Son nuestros puntos fuertes como educadores, aquello que nos diferencia y nos hace únicos.

OPORTUNIDADES. Son aquellas situaciones externas que nos pueden ayudar a mejorar como educadores (por ejemplo, leer el libro que tienes en tus manos).

La matriz del análisis DAFO es la siguiente:

Pasos a seguir para elaborar vuestro DAFO familiar:

1. Completad cada uno de vosotros (los miembros de la pareja) la casilla de la matriz DAFO con tres o cuatro aportaciones en cada grupo como máximo.

2. Poned en común vuestras aportaciones y hablad detenidamente sobre ellas.

3. Sacad conclusiones y analizad:

   • De qué forma podéis explotar cada fortaleza.

   • De qué forma podéis aprovechar cada oportunidad.

   • De qué forma podéis superar y mejorar cada debilidad.

   • De qué forma podéis afrontar y defendernos de cada amenaza.

4. Definid acciones concretas: trabajad sobre ellas con tiempo y paciencia.

⚠ **Ojo**. Es muy importante que definamos en pareja acciones concretas que nos ayuden a ponernos en marcha para superar nuestras debilidades y hacer frente a posibles amenazas. También es fundamental que potenciemos nuestras fortalezas y sepamos aprovechar las oportunidades.

¿Padres o colegas?

«Yo soy amigo de mis hijos». Es una afirmación que escucho muy a menudo. Por supuesto que es bueno aspirar a ser amigos de nuestros hijos pero es importante recordar que no podemos renunciar a nuestro papel de padres, que es insustituible.

Es bueno que los padres nos mostremos amistosos y que dedi-
quemos tiempo a jugar con nuestros hijos, pero en la actualidad
nos estamos encontrando casos de padres (yo los denomino *hi-
perpadres* o *superpapás*) que parecen estar examinándose continuamente cuando pasan tiempo con sus hijos. Se preguntan a sí
mismos: «¿lo estaré haciendo bien?, ¿se estará divirtiendo?,
¿tendrán suficiente con esto o le doy más?» Vamos, más que
padres parecen monitores de tiempo libre de sus hijos, cargados
siempre de una tremenda ansiedad porque sus hijos se divier-
tan, que se lo pasen bien, que no se aburran…

Estar cerca de ellos no significa que hablemos como ellos o que
usemos sus mismas expresiones.

No tenemos que ganarnos a nuestros hijos con el colegueo fácil,
queriéndoles demostrar que somos unos padres «guays» porque no podemos perder de vista que nuestros hijos van a tener
muchísimos amigos, muchos colegas pero solo un padre y una
madre. Por tanto, necesitan que actuemos como tales. No pen-
semos que por marcarles unas normas y establecer unos límites
claros nos van a querer menos: es lo que necesitan.

Los niños necesitan que actuemos como se espera de nosotros,
es decir, como adultos. Tenemos que asumir nuestro rol por el
bien de su correcto desarrollo. Padres e hijos no tenemos la
misma edad, ni la misma experiencia o autoridad. Emilio Calatayud propone una interesante reflexión:

> Yo soy padre de mis hijos, no su colega porque si no los estoy
> dejando huérfanos. [y añade] en España no hay término medio
> y hemos pasado del padre autoritario al padre colega, pasando
> de ser esclavos de nuestros padres a ser esclavos de nuestros
> hijos.

Insisto, es bueno aspirar a ser amigo de tu hijo si entendemos
por amigo alguien que va a estar ahí siempre que lo necesites, y
no alguien que adopta actitudes infantiles que no se correspon-

den con su edad. Querer ser amigo y colega de los amigos de tu hijo, salir de fiesta con él «a ligar», etc. no es saludable y siempre tiene consecuencias negativas.

No lo olvidemos: somos un referente para nuestros hijos, necesitan situarse y situarnos. No les ofrezcamos mensajes contradictorios, pues dificultará ese «saber ubicarse». No podemos ni debemos invertir roles.

Etiquetas: trata de evitarlas

> *Las etiquetas son para la ropa, no para las personas.*

Es algo que solemos hacer los padres muchas veces sin darnos ni cuenta: etiquetar a nuestros hijos. En ocasiones decimos a nuestros hijos cosas como «eres un vago», «te portas mal», «eres un auténtico desastre». Hemos de tener mucho cuidado al hacer esto porque corremos el riesgo de que nuestro hijo asuma ese rasgo que le estamos asignado. Sobre todo en las primeras etapas del desarrollo, cuando el niño está formándose una imagen de sí mismo, y cobra especial importancia aquello que le decimos, pues su imagen la van construyendo con los mensajes que reciben del exterior y especialmente de nosotros, los padres.

> *Los hijos que son tratados como si fuesen imposibles de educar, a menudo, llegan a ser imposibles de educar.*
>
> Kenneth B. Clarck

Por este motivo es necesario que dejemos a un lado las etiquetas, y cuando queramos corregir alguna de sus conductas lo hagamos explicándole de manera concreta qué nos parece mal y cómo lo puede mejorar.

Ejemplo. En lugar de decirle «eres un desordenado» deberíamos decirle «tienes que recoger tus cosas, los juguetes están fuera de su sitio». Es algo mucho más concreto y fácil de entender por el niño, pues de este modo aprende qué se espera de él.

Tenemos que decirle claramente lo que no nos gusta pero sin generalizar, concretando al máximo para que el niño aprenda qué es lo que esperamos de él. Siempre tenemos que dar al niño la opción de mejorar. No podemos estar siempre bombardeándolo con mensajes negativos que le lleven a asumir que esa es su forma de ser.

En ocasiones no seremos los padres los que «etiquetemos» al niño sino otros adultos que intervienen en su educación: los abuelos, los tíos, la escuela... En este caso deberemos intervenir para evitar que aquello que dicen de él le condicione y acabe creyendo que realmente es así. En este sentido deberíamos actuar todos como un auténtico equipo educativo.

Comparaciones

También debemos evitar al máximo las comparaciones del tipo «a ver si aprendes de tu amiga» o «tu hermana saca mejores notas que tú». Este tipo de afirmaciones muestran al niño que «es inferior» en algún aspecto y, con toda probabilidad, asumirá este papel convencido de que lo que le decimos es verdad: es peor que su amiga y menos inteligente que su hermana. Hemos de tener en cuenta que, además, las comparaciones entre hermanos son una fuente de celos y conflictos entre ellos. Por tanto está en nuestras manos evitarlo.

¿Qué debemos hacer?

Evitar asignar etiquetas a nuestros hijos transmitiéndoles el mensaje de que cada uno de ellos es un ser único y especial. Por tanto debemos tratarlos como tales:

- ➤ Diciéndoles cuánto les queremos, valorándolos y tratándolos con confianza.
- ➤ Felicitándolos siempre por sus pequeños progresos y por el esfuerzo realizado.
- ➤ Reconociéndoles en público sus habilidades y logros.
- ➤ Haciendo uso del poder del elogio.

Hazle sentir capaz: hijo, tú puedes hacerlo

Estoy cansado de ver y escuchar cómo de manera habitual transmitimos a nuestros hijos y alumnos mensajes negativos que condicionan su forma de actuar. Fíjate las veces que repites al día a tu hijo las cosas que hace mal… Esto tiene consecuencias en su manera de afrontar las cosas.

No somos conscientes del poder que ejercen nuestras palabras y expresiones en nuestros hijos. Me duele ver cómo estas son capaces de dañar e incapacitar al niño. Frases como estas jamás deberíamos dirigirlas a nuestros hijos:

- ➤ No te enteras de nada.
- ➤ Todo lo haces mal.
- ➤ Eres tonto.
- ➤ No vas a ser capaz de conseguirlo.
- ➤ Deja de soñar.

No debemos olvidar que, incidiendo en lo negativo, magnificamos el fracaso; obtenemos mejores resultados si incidimos en la mejora (o en la posibilidad de mejora). El niño necesita escuchar de nosotros, los adultos, que creemos en él y necesita que le reconozcamos aquello que hace. No pongamos el acento en las carencias y déficits. Como muy bien destaca Augusto Cury:

> Estimula a tus hijos a tener metas, a buscar el éxito en el estudio, en el trabajo, en las relaciones sociales, pero no te detengas ahí. Consigue que no tengan miedo al fracaso. No hay podio sin derrotas. Muchos no suben al podio, no por carecer de capacidad, sino porque no supieron superar los fracasos.

En muchas ocasiones nuestros hijos no desarrollan todo su potencial porque somos nosotros los que, con nuestros actos y sobre todo con nuestras palabras, limitamos su crecimiento. Acabo de leer un cuento fantástico del libro *Aplícate el cuento* de Jaume Soler y Mercè Conangla que resume muy bien esto. Lo comparto aquí para que puedas leerlo:

El niño que pudo hacerlo

Dos niños llevaban toda la mañana patinando sobre un lago helado cuando, de pronto, el hielo se rompió y uno de ellos cayó al agua. La corriente interna lo desplazó unos metros por debajo de la parte helada, por lo que para salvarlo la única opción que había era romper la capa que lo cubría.

Su amigo comenzó a gritar pidiendo ayuda, pero al ver que nadie acudía buscó rápidamente una piedra y comenzó a golpear el hielo con todas sus fuerzas.

Golpeó, golpeó y golpeó hasta que consiguió abrir una grieta por la que metió el brazo para agarrar a su compañero y salvarlo.

A los pocos minutos, avisados por los vecinos que habían oído los gritos de socorro, llegaron los bomberos.

Cuando les contaron lo ocurrido, no paraban de preguntarse cómo aquel niño tan pequeño había sido capaz de romper una capa de hielo tan gruesa.

—Es imposible que con esas manos lo haya logrado, es imposible, no tiene la fuerza suficiente ¿cómo ha podido conseguirlo? —comentaban entre ellos.

Un anciano que estaba por los alrededores, al escuchar la conversación, se acercó a los bomberos.

—Yo sí sé cómo lo hizo —dijo.

—¿Cómo? —respondieron sorprendidos.

—No había nadie a su alrededor para decirle que no podía hacerlo.

En definitiva, no intervengamos tanto para decirles a nuestros hijos que no van a ser capaces de hacer algo. Es mejor transmitir un mensaje claro y directo: «hijo, tú eres capaz de hacerlo y lo vas a conseguir». Esto les ayudará a CRECER SIN LÍMITES.

Porque, como muy bien señala Ferran Salmurri:[34]

Cuando comunicamos, no solo transmitimos un mensaje. Mediante nuestras palabras enseñamos a pensar y es de vital importancia que enseñemos a pensar bien y, más aun, cuando al menor le enseñamos a pensar en sí mismo. A pensar en:

- Sus habilidades y competencias personales.
- Sus posibilidades de cambio.
- Su capacidad para dirigir su vida.
- Su libertad en educar y gestionar sus emociones.
- Su capacidad para adaptarse a lo que no pueden cambiar.
- Su humildad para ser capaz de aprender.
- Su autoaceptación como ser humano con todas sus imperfecciones.

Trata a un ser humano como es, y seguirá siendo como es. Trátalo como puede llegar a ser, y se convertirá en lo que puede llegar a ser.

BLAISE PASCAL

---

34. *Razón y emoción*, Ferran Salmurri, Ed. RBA.

Educación emocional (II)

Como hemos visto en el capítulo anterior el niño manifiesta emociones desde que es pequeño. Como también he destacado, el aprendizaje de la educación emocional se lleva a cabo a partir de la observación: nuestro hijo está pendiente de todo lo que hacemos y decimos. Existe una gran cantidad de emociones y a estas edades es clave que:

➤ Enseñes al niño el nombre de las diferentes emociones.

➤ Le preguntes cómo se siente (triste, contento, enfadado, etc.). Esto le ayudará a conocerse mejor.

➤ No ignoremos los sentimientos negativos y evitemos frases como «deja de llorar» o «no te enfades». De este modo lo que hacemos es bloquear la capacidad de respuesta del niño que aprende y asocia «esto a mis padres no les gusta = está mal».

➤ Le ayudemos a que identifique y exprese cualquier emoción tanto positiva como negativa.

➤ Le invitemos a hablar acerca de lo que siente.

Enseñamos estas emociones a través de la observación-imitación. Debemos de educar en la EMPATÍA, en saber ponerse en el lugar del otro, en la sensibilidad, en perdonar... Para ello deberá empezar a superar el egocentrismo propio de la etapa en la que se encuentra. Aprenderá a ponerse en el lugar de los demás.

Nuestro papel aquí es fundamental: enseñamos y fomentamos la empatía en nuestro hijo a partir de nuestro propio comportamiento.

La práctica de la empatía nos ayuda a ser más felices.

Ferran Salmurri

Consecuencias de practicar la empatía

Ser empáticos nos ayuda a progresar y mejorar como personas, facilitándonos la relación con los demás. Practicar la empatía nos ayuda a:

➤ Tener un mayor respeto por los demás.

➤ Mejorar la escucha activa (nos preocupamos más por escuchar que por lo que queremos decir).

➤ Aumenta la confianza en nosotros mismos y los demás.

➤ Nos ayuda a gestionar emociones como la rabia, la ira…

➤ Nos facilita la compresión del comportamiento de los demás.

➤ Nos ayuda a establecer relaciones sanas.

Aparecen las mentiras

En los primeros años los niños no mienten, nos cuentan historias que son fruto de su imaginación y creatividad pero sin la intención de mentirnos, sin embargo, en esta etapa que ahora estamos abordando aparece la mentira propiamente dicha, la que el niño utiliza para obtener algún beneficio o para eludir responsabilidades. Aquí el niño ya sabe diferenciar muy bien la verdad de la mentira.

¿Por qué mienten?

Generalmente lo hacen por varias razones:

➤ Para evitar un castigo (es el motivo más frecuente).

➤ Para llamar la atención y buscar tu aprobación.

➤ Para conseguir algo (recompensa).

➤ Para expresar un deseo.

➤ Para no disgustar a los otros (principalmente a los padres).

➤ Porque lo ha aprendido en casa (sobre todo de ti).

➤ Para proteger a otra persona de un castigo.

Hemos de tener cuidado porque, en ocasiones, las mentiras infantiles pueden ser voces de alarma sobre otros problemas que quizás no llegamos a detectar. Analicemos entonces el verdadero motivo por el que puede estar mintiendo nuestro hijo.

¿Qué podemos hacer?

➤ Jamás le pidamos que mienta por nosotros.

➤ Evita llamarle mentiroso y ridiculizarle en público.

➤ Debemos reforzar y valorar la veracidad.

➤ Crea un ambiente de confianza donde el niño pueda reconocer sus errores sin recurrir a las mentiras.

➤ Utiliza recursos como los cuentos: el de *Pedro y el Lobo* y el de *Pinocho* pueden ser de mucha utilidad.

Clave. No olvides predicar con tu ejemplo. No sirve de nada que llames la atención o castigues a tu hijo si luego él descubre que tú haces lo mismo para salir impune de alguna situación cotidiana. Si es así no dudes en reconocer tu error como analizaremos en el siguiente apartado. Como muy bien señala Javier Urra:

> Reconocer nuestros errores ante nuestros hijos nos dignifica; pedir disculpas realza nuestra autoridad.

Reconoce tus errores ante tus hijos cuando te equivoques

Una de las cosas en las que más suelo insistir en las sesiones de mis Escuelas de Padres y Madres es que los padres somos modelo de referencia de nuestros hijos. El tema es de gran importancia. Somos su guía y, por lo tanto, debemos ofrecerles nuestro mejor ejemplo: si queremos que lean, tenemos que leer nosotros también, si queremos que no digan palabrotas tampoco nosotros debemos decirlas, etc. Es muy sencillo. Ahora bien, ¿de esta forma conseguiremos aquello que pretendemos? No siempre, pero aumentaremos las probabilidades de que esto ocurra, no lo dudes.

Somos el espejo donde se miran
nuestros hijos: ofrezcamos un buen ejemplo.

Muchas veces pensamos que si reconocemos nuestros errores ante nuestros hijos estos perderán su confianza en nosotros. Nada más lejos de la realidad. Debemos mostrarles que no somos perfectos y que nosotros también nos equivocamos. Es la realidad. Y lo más importante de todo es que cuando nos equivoquemos con ellos (cosa que nos sucederá muchas veces) necesariamente debemos pedir disculpas. Si escuchan de nosotros un sincero «lo siento» aprenderán a hacerlo ellos también cuando ofendan, enfaden o hieran a otra persona con su manera de actuar. El mensaje que debemos transmitirles es que disculparse no es rebajarse, no hay que avergonzarse por ello. Insisto, para poder transmitir esto nosotros debemos obrar del mismo modo, tanto con nuestros hijos como con todos aquellos con quienes nos relacionamos.

> **Ejemplo.** El hijo llega a casa media hora más tarde de lo acordado. La madre, nerviosa y enfadada, lo está esperando:
>
> **Madre** (muy enfadada): Has llegado muy tarde hijo, como consecuencia vas a estar un mes sin salir.
>
> **Luis:** Pero si sólo he llegado media hora tarde, mamá… ¡No es justo!
>
> **Madre:** No hay nada más que hablar. Me parece muy mala tu actitud. ¡No te puedes ni imaginar lo preocupada que estaba!
>
> Un rato más tarde, cuando la madre se encuentra más calmada, se da cuenta de que se ha pasado con el castigo que le ha puesto a su hijo ya que realmente no era para tanto. No debía haberle dicho que estaría un mes sin salir pero, debido a la tensión del momento, a los nervios… ha dicho algo de lo que se arrepiente. Sin pensarlo dos veces se dirige a su hijo y le dice:
>
> **Madre:** Hijo, debido a los nervios y la preocupación por ver que no llegabas te he dicho que estarás un mes sin salir… Me he equivocado, lo siento. Eso sí, estarás una semana sin salir. Es la consecuencia por haber llegado tarde.
>
> **Hijo:** Yo también lo siento. Se me ha hecho un poco tarde… No volverá a ocurrir, de verdad. Lo prometo.

Si nos equivocamos con nuestros hijos (algo que ocurrirá a menudo) debemos asumir nuestro error y pedir disculpas. ¿No te gustaría que hicieran lo mismo contigo? ¿Por qué con los niños no siempre lo hacemos? ¿Acaso no lo merecen? No aspiremos a ser padres perfectos, *superpapás* o *supermamás*, actuemos desde el cariño y el sentido común.

Lo que sois es tan importante como lo que hacéis

En las sesiones de Escuelas de Padres y conferencias insisto en algo que me parece fundamental para educar a nuestros hijos:

educamos con nuestro ejemplo. Los niños imitan aquello que ven, y sobre todo lo que ven en los adultos que somos su referencia. Por eso no podemos decirle al niño que haga algo determinado cuando nosotros somos los primeros que no lo hacemos. Como suelo decir: son niños pero no son tontos. De hecho, si pudiéramos «leer más allá» les escucharíamos decir: Papá, mamá, no os preocupéis porque no os escucho porque observo todo el día.

Veamos algunos ejemplos:

➤ Le decimos que no debe gritar y encima se lo decimos gritando. ¿Qué mensaje le estamos transmitiendo? Efectivamente, un mensaje contradictorio que no hace sino confundir al niño.

➤ Otro ejemplo es el de la mentira. Si le decimos al niño que no mienta, somos los adultos los que hemos de dar ejemplo y no buscar ningún tipo de excusa para nuestras mentiras.

➤ Le decimos que en la mesa no se usa el móvil y nosotros nos pasamos la comida conectados a Facebook.

Podría seguir con más ejemplos pero para ello te traigo esta breve historia[35] que te ayudará a reflexionar sobre el tema:

Era una soleada tarde de sábado en Oklahoma y Bobby Lewis, mi amigo y un padre orgulloso, llevó a sus dos niños a jugar al minigolf. Se dirigió a la taquilla y preguntó al empleado cuánto costaba la entrada.

—Tres dólares para usted y lo mismo para cada niño mayor de seis años. Hasta los seis tienen entrada libre. ¿Qué edad tienen? —respondió el muchacho.

—El abogado tiene tres y el médico, siete —contestó Bobby—, o sea que le debo a usted seis dólares.

---

35. Texto original de Patricia Fripp del libro *Sopa de pollo para el alma*.

—Oiga, señor —le dijo el muchacho de la taquilla—, ¿le ha tocado la lotería o qué? Podría haberse ahorrado tres dólares sólo con decirme que el mayor tiene seis. Yo no me hubiera dado cuenta de la diferencia.

—Es probable que usted no se hubiera dado cuenta —asintió Bobby—, pero los niños sí.

Como decía Ralph Waldo Emerson, «la clase de persona que eres habla en voz tan alta que no me deja oír lo que dices». En tiempos tan difíciles como estos, en los que la ética es más importante que nunca, asegúrate de que estás dando un buen ejemplo a todos los que trabajan y viven contigo.

> *Dar ejemplo no es la principal manera de*
> *influir sobre los demás; es la única manera.*
>
> ALBERT EINSTEIN

Saber esperar: el caramelo educativo

Siempre me ha llamado la atención el interesante y valioso estudio denominado «Kid Marshmallow Experiment» o «Test del caramelo» que realizó el destacado psicólogo austríaco Walter Mischel, y que siempre utilizo para explicar a los padres la importancia de la capacidad de aplazar la recompensa como gran recurso que el niño debe adquirir.

Paso a explicarte el extraordinario experimento:

En 1972 Walter Mischel sentó a un grupo de niños de cuatro años de edad de la Escuela Infantil del Campus de la Universidad de Stanford alrededor de una mesa, y frente a cada uno de ellos dejó un apetecible y llamativo caramelo en un plato. Seguidamente les dio una indicación:

> Podéis comeros el caramelo pero si no lo hacéis durante el tiempo que voy a estar fuera de la habitación (aproximada-

mente 15 minutos) cuando vuelva os daré un premio, ¡otro caramelo!

El grupo de investigadores que realizaban el experimento observaban atentamente el comportamiento de los niños a través de un espejo de esos que permiten ver sin que te vean a ti. Los niños presentaban conductas variadas: algunos se comían el caramelo de inmediato y otros ponían en marcha «estrategias» para controlar su impulso de comerse la apetecible golosina: cerrar los ojos, darse la vuelta…

Lo importante del estudio es que Walter Mischel y su equipo de colaboradores realizaron un seguimiento de los niños que participaron en el «test del caramelo» durante varios años y descubrieron cosas realmente interesantes. Según el propio Mischel:

> Un 30% de los niños lograron diferir la gratificación esperando a que el investigador regresara quince minutos más tarde. Tuvieron que luchar contra la tentación pero encontraron la forma de resistir.

El objetivo inicial del experimento era determinar los procesos mentales que permiten a algunas personas retrasar la gratificación frente a los que se rinden con facilidad.

El estudio reveló que una mayor postergación se podía asociar con importantes logros posteriores, ya que los niños que actuaron de ese modo se convirtieron en adolescentes socialmente más competentes, personalmente más eficaces y académicamente más exitosos con respecto a los que no supieron esperar y consumieron el caramelo de inmediato, que presentaron problemas de autoestima y dificultades de relación con sus compañeros: eran más tímidos, influenciables, recelosos... El resultado de la prueba predice el futuro académico de los niños con mayor precisión que los test estándar de inteligencia. ¿No te parece asombroso?

Y esto, ¿por qué es importante? te preguntarás: sencillamente porque demuestra que nuestra capacidad de saber aplazar la recompensa y saber controlar nuestros impulsos son clave para una vida feliz y exitosa. Y eso es lo que todos buscamos.

Padres y maestros podemos (y debemos) ayudar a aquellos niños con problemas de autocontrol para que aprendan a «saber esperar» y no ceder tan rápidamente al impulso de buscar la gratificación inmediata.

¿Cómo podemos enseñar al niño a controlar sus impulsos?

Como hemos podido comprobar es esencial que el niño aprenda a controlar sus impulsos y adquiera la capacidad de aplazar la recompensa. Podremos conseguirlo a través de dos herramientas que, según José Antonio Marina, son fundamentales: la ternura y la exigencia, que son la base para establecer cualquier disciplina.

Terry Brazelton, del que ya te he hablado, y su colaborador Joshua D. Sparrow, en su obra *Cómo educar con sentido común* nos proponen algunas pautas para conseguirlo. Vamos a analizarlas con detenimiento:

➤ Asegúrate de que tu hijo te está prestando atención cuando le das las indicaciones.

➤ Deja claro que debe renunciar a dicho impulso. Dile: «no puedes cogerlo» y si llegas tarde «pon eso donde estaba».

➤ Si es necesario detenlo para que no lleve a cabo el comportamiento no deseado: coge el juguete y déjalo en su sitio, apártalo del escenario problemático.

➤ Cuando sea posible, ofrécele una alternativa al niño: «coge ese otro».

➤ Que la alternativa sea una oferta de tomar o dejar, no una negociación.

➤ Sigue la evolución del niño.

➤ Simpatiza con su decepción: «podemos llegar a sentirnos realmente mal cuando no conseguimos lo que queremos».

➤ Ayúdalo a comprender (en términos sencillos) por qué no puede cumplir su deseo.

➤ Consuélalo y asegúrale que, poco a poco, puede aprender a controlarse a sí mismo.

➤ A lo largo del día le dirás muchas veces que NO, intenta encontrar situaciones en la que puedas responder que sí.

➤ No consideres la insistencia de tu hijo como algo personal. Procura averiguar qué es lo que el niño está intentando aprender a través de su mal comportamiento.

➤ Comparte con los demás adultos presentes en la vida del niño la responsabilidad que la disciplina y el aprendizaje de normas implican.

Papás de asiento o de mando a distancia

Me gusta mucho observar la forma de actuar e interactuar de los papás y las mamás con sus hijos cuando están en los parques. Observo cómo se comunican, de qué forma se dirigen a sus hijos... Y me gusta porque aprendo mucho de todos ellos y me ayuda a observarme a mí mismo y ver también de qué forma actúo yo con mis hijos.

Últimamente he descubierto un nuevo tipo de padres a los que he denominado «padres de asiento» o «padres de mando a distancia». ¿Por qué les he dado este nombre? Es muy sencillo, porque tienen la siguiente forma de proceder cuando están en el parque con sus peques:

➤ Su «centro de operaciones» es el banco del parque, donde toman posiciones y no se levantan para nada (parece que se les ha pegado el culo al asiento). De ahí lo de «padres de asiento».

➤ Si tienen que llamar la atención a sus hijos (algo que rara vez ocurre) lo hacen a gritos, desde la distancia (sin levantarse). De ahí lo de «mando a distancia». Allí, desde la lejanía intentan corregir a sus hijos a voces, a gritos:

- ¡Deja eso ya…!

- ¡No subas ahí…!

- ¡No tires eso…!

La comunicación con sus hijos durante el tiempo que pasan allí es prácticamente nula. Estos papás están «a otra cosa». Está claro que al parque se va a jugar, pero hay momentos que requieren de nuestra intervención y que hablemos con ellos. Hay que pensar que allí hay más niños (y más papás).

➤ Su manera de corregir a sus hijos se basa en las amenazas. Por supuesto, amenazas que jamás cumplen.

➤ No establecen normas y límites claros. Los hijos no saben a qué atenerse y esto les provoca cierto desconcierto, inseguridad e incertidumbre.

➤ Repiten mucho las cosas a voces y, como consecuencia, los hijos no les hacen ni caso. Luego se quejan de eso: «es que por mucho que le digo las cosas no me hace caso» o «me paso el día poniendo castigos y no sirve de nada».

Como padres, hay un momento en la vida de nuestros hijos en que tenemos que estar y que se note. Ya llegará el momento en que deberemos soltarlos y estar sin que se note tanto… Mientras tanto, levantémonos las veces que haga falta y atendamos a nuestros hijos como corresponde. No se trata de intervenir a cada momento, pues al parque se va a jugar y deben disfrutar de ello, pero dentro de unos límites.

> *El acto de educar no es un acto autoritario,*
> *sino que se ejerce desde el amor pero con autoridad.*
>
> Carlos Goñi y Pilar Guembe

Fortalece su autoestima

La autoestima es algo que se aprende y que podemos mejorar. Alrededor de los 5-6 años el niño empieza a formarse un concepto de cómo le vemos los demás (padres, maestros, compañeros...). Según le juzguemos o etiquetemos se formará una imagen de sí mismo, de ahí la importancia y la necesidad de que mostremos una actitud positiva desde la infancia. El concepto de autoestima se irá desarrollando durante toda la vida y en cada etapa evolutiva del niño requerirá de unas necesidades específicas para la construcción de su personalidad:

> Si la educación de nuestros hijos la basamos únicamente en castigos y llamadas de atención solo destacaremos lo negativo y, por tanto, acentuaremos una baja autoestima.

¿Cómo podemos mejorar la autoestima? 10 claves para conseguirlo

1. Quiere a tu hijo y acéptalo por lo que es.
2. Refuerza lo positivo de tu hijo, destaca sus cualidades.
3. Evita al máximo las etiquetas y las comparaciones.
4. Muéstrale que los errores son una parte del aprendizaje: nos ayudan a aprender y crecer.

5. Concédele deberes y responsabilidades adaptadas a su edad. Valora y reconoce su esfuerzo, no únicamente el resultado final.

6. Permítele que tome decisiones adecuadas a su edad.

7. Evita generalizaciones del tipo «todo lo haces mal» o «te has vuelto a equivocar».

8. Pasa tiempo con tu hijo. Si tienes varios hijos, dedica tiempo a solas con cada uno de ellos.

9. Dedícale tu atención. No pretendas suplir tu falta de tiempo o atención con cosas materiales.

10. Muéstrale lo orgulloso que estás de él y haz que se sienta importante: valora sus trabajos, dibujos, manualidades, etc.

Padres «buscadores de tesoros»

Uno de los grandes errores que cometemos los padres a la hora de educar a nuestros hijos es que nos fijamos casi siempre en lo negativo, en lo que hacen mal. Podemos decir que la mayor parte del tiempo estamos encontrando defectos en lo que hacen. Como destaca Henry David Toureau, «el que siempre está buscando defectos encontrará defectos hasta en el paraíso». Es decir, buscamos tantos defectos que al final los acabamos encontrando...

Esto lo compruebo en mis sesiones de Escuelas de Padres cuando les pido a los asistentes que me digan dos o tres cualidades positivas de sus hijos. Les cuesta encontrar esas cualidades. Por el contrario, cuando les pido que me digan algún defecto, algo negativo, no tardan en darme una respuesta y además el listado es interminable. Es muy significativo.

Hace un tiempo leí una frase de Josep Manel Marrasé en su libro *La alegría de educar* que decía así: «los docentes somos buscadores de cualidades, no de defectos». A mí me gusta aplicarla al ámbito familiar:

Los padres somos buscadores de cualidades,
no de defectos.

Por eso los padres debemos ser y actuar como buscadores de tesoros, buscando siempre lo bueno de cada situación y, sobre todo, lo bueno de nuestros hijos. Comprobarás que actuando así, en la gran mayoría de casos, acabarás encontrando lo bueno.

Actividad. Por este motivo, a los padres les propongo un sencillo ejercicio que ahora te planteo a ti: haz un listado con las cualidades positivas de tus hijos. Dedica unos minutos de tu tiempo para elaborar una lista que contenga todas las buenas cualidades que observas en tu hijo. El orden de las mismas es lo de menos, lo importante es que las anotes. Por ejemplo: Lo que me gusta de David:

Es... inteligente, curioso, divertido, ordenado, responsable, etc.

Si no te acuerdas de todo no importa, empieza ahora mismo el listado y poco a poco ves añadiendo más cualidades. Deja la lista en un lugar visible y de este modo siempre podrás recordar y valorar las fortalezas de tu hijo. Deja de centrarte en aquello que hace mal y deja de repetírselo continuamente, pues al final se lo llegará a creer y actuará en consecuencia. No olvides que tiene cosas muy buenas y se las debes recordad cada día. Busca lo mejor y eso será lo que encontrarás.

Todo niño debería saber que es bueno para algo. Se lo
hemos de reconocer y valorar.

De esta forma mejoraremos su autoestima y la confianza en sí mismo. Por tanto, desde hoy plantéate convertirte en un padre *buscador de tesoros*. Comprobarás que se producen grandes cambios...

Reconócele a tu hijo las cosas cuando las haga bien

Puedo vivir dos meses con un buen cumplido.

Mark Twain

Muchos padres me preguntan qué pueden hacer para que su hijo mejore su conducta. No sé por qué motivo esperan que les plantee alguna actividad o ejercicio complejo. No nos damos cuenta de que, en muchas ocasiones, la solución está en las pequeñas cosas. Por este motivo les planteo una sencilla pero poderosa estrategia que podemos llevar a la práctica desde ya mismo. Se trata de reconocer y valorar cualquier pequeño esfuerzo que el niño realice para mejorar esa conducta. De esta manera le animaremos a seguir en esa dirección y comprobaremos que, al sentirse valorado y no etiquetado, reforzamos su voluntad para mejorar y crecer.

Veamos un ejemplo:

Tu hijo está sacando malas notas en una determinada asignatura y en el último examen que ha traído a casa ha habido una ligera mejora (aunque no ha cambiado mucho la nota). Aunque estás convencido de que puede hacerlo mejor debes decirle: «Me he dado cuenta de que te estás esforzando. Muy bien, estás mejorando. Sigue así».

Aunque te parezca algo simple, este reconocimiento fortalecerá su voluntad para seguir en esa dirección. Como destaca Tal Ben-Shahar:

> Los cumplidos no sólo son frases intrascendentes que son agradables de escuchar. Si no somos capaces de apreciar lo positivo en los demás, lo positivo se despreciará y tenderemos menos a ello.

¿Le has dicho hoy a tu hijo «te quiero»?

Vivimos en una sociedad muy exigente que nos empuja a vivir esclavos del tiempo, siempre rodeados de prisas y obligaciones, dejando a un lado lo realmente importante: vivir. El tiempo pasa y no nos damos cuenta de que perdemos minutos, horas, etc. de poder disfrutar junto a nuestros hijos. Además, vivimos tan *preocupados* por lo que serán mañana nuestros hijos que se nos olvida que ya son alguien hoy. No somos conscientes de que cada una de las etapas por las que van pasando nuestros hijos son efímeras y nos las tomamos tan en serio centrándonos mayormente en lo negativo, obsesionados por corregirlos que no acabamos de disfrutar. Debemos cambiar esto urgentemente.

Por este motivo te voy a dar un par de consejos para poder conseguirlo:

1. **Vive y disfruta el presente de tus hijos.** Es ahora cuando te necesitan. Aprende a establecer prioridades y dedícales lo más valioso que tienes: tu tiempo. Eso no se paga con dinero, ni con regalos materiales, ni con nada de nada.

2. **No es suficiente con querer a tus hijos,** tienes que decírselo y recordárselo continuamente. Da lo mismo si tu hijo tiene 2 años o 16, necesita oír de tu voz «¡te quiero, hijo!». Que no pase ningún día sin decirle lo orgulloso que estás de él y lo mucho que le quieres.

#Leído en internet

Carta de un hijo a todos los padres del mundo (anónimo)

1. No me grites. Te respeto menos cuando lo haces. Y me enseñas a gritar a mí también y yo no quiero hacerlo.

2. Trátame con amabilidad y cordialidad igual que a tus amigos. Que seamos familia, no significa que no podamos ser amigos.

3. Si hago algo malo, no me preguntes por qué lo hice. A veces, ni yo mismo lo sé.

4. No digas mentiras delante de mí, ni me pidas que las diga por ti (aunque sea para sacarte de un apuro). Haces que pierda la fe en lo que dices y me siento mal.

5. Cuando te equivoques en algo, admítelo. Mejorará mi opinión de ti y me enseñarás a admitir también mis errores.

6. No me compares con nadie, especialmente con mis hermanos. Si me haces parecer mejor que los demás, alguien va a sufrir (y si me haces parecer peor, seré yo quien sufra).

7. Déjame valerme por mí mismo. Si tú lo haces todo por mí, yo no podré aprender.

8. No me des siempre órdenes. Si en vez de ordenarme hacer algo, me lo pidieras, lo haría más rápido y más a gusto.

9. No cambies de opinión tan a menudo sobre lo que debo hacer. Decide y mantén esa posición.

10. Cumple las promesas, buenas o malas. Si me prometes un premio, dámelo, pero también si es un castigo.

11. Trata de comprenderme y ayudarme. Cuando te cuente un problema no me digas que «eso no tiene importancia», porque para mí sí la tiene.

12. No me digas que haga algo que tú no haces. Yo aprenderé y haré siempre lo que tú hagas, aunque no me lo digas. Pero nunca haré lo que tú dices y no haces.

13. No me des todo lo que te pido. A veces, sólo pido para ver cuánto puedo recibir.

14. Quiéreme y dímelo. A mí me gusta oírtelo decir, aunque tú no creas necesario decírmelo.

#4 citas en las que inspirarte

1. *La única patria que tiene un hombre es su infancia.*
   RAINER MARIA RILKE

2. *El niño perdido llora, pero sigue cazando mariposas.*
   RYUSUI YOSHIDA

3. *He llegado por fin a lo que quería ser de mayor: un niño.*
   JOSEPH HELLER

4. *El niño es un cuerpo que crece y un alma que se desarrolla.*
   MARIA MONTESSORI

6

Mi hijo no hace caso

Educad a los niños y no será necesario castigar a los hombres.

PITÁGORAS

Hoy en día hablar de autoridad en educación es bastante complejo, ya que la propia palabra ha perdido su esencia y significado debido a que ha sido confundida con autoritarismo. Esto está teniendo grandes consecuencias en el terreno educativo, tanto en el ámbito familiar como en el escolar.

Hace años, la sola presencia del profesor en el aula era suficiente para inspirar respeto y, por tanto, cierta autoridad. Pero más que autoridad, se daba un autoritarismo que en muchas ocasiones era desmesurado: una educación basada en el castigo y la represión. En lugar de evolucionar positivamente, en la actualidad hemos pasado al extremo opuesto: «fuera mesas, fuera tarimas, aquí somos todos iguales: profesores y alumnos, somos colegas». Hemos vivido un tiempo en que algunos profesores han querido ser colegas de sus alumnos en una educación basada en la permisividad y ausencia de normas. Y hemos fracasado.

Debemos buscar un equilibrio, un término medio ya que hemos pasado del «esto está prohibido o esto es obligatorio» al
«prohibido prohibir», y nos estamos encerrando en un callejón
sin salida. Vamos a buscar soluciones urgentemente dejando a
un lado el autoritarismo y la permisividad, aplicando el sentido
común y la coherencia educativa por el bien de nuestros hijos,
que son el futuro de esta sociedad.

¿Qué es la disciplina?

No tienes que herir para enseñar,
y no tienes que ser herido para aprender.

Gangaji

Existen muchísimas definiciones de disciplina, pero de tanto
usar esta palabra estamos desvirtuando su significado y valor.
Me gusta mucho cómo la define Marilyn Gootman en su libro
Guía para educar con disciplina y cariño:

> La disciplina ayuda a los niños a desarrollar su autocontrol
> […] Como padres debemos enseñar a nuestros hijos autocon-
> trol para que puedan valerse por sí mismos. Los niños tienen
> que aprender a ocuparse de sus necesidades, proteger su salud
> y seguridad, afrontar los disgustos, compartir, expresarse de
> forma constructiva, sentirse bien consigo mismos, respetar las
> necesidades de los demás y relacionarse con ellos.

El objetivo de la disciplina es, en palabras del pediatra Terry
Brazelton:

> Ayudar a su hijo a confiar en sus propias motivaciones, a con-
> trolar sus propios impulsos, sus emociones, a respetar las nece-
> sidades, sentimientos y derechos de los demás y a hacer lo que
> es correcto porque sí.

Como puedes ver, todo esto se aleja mucho de la noción de disciplina que nos han vendido. A medida que el niño crece em-

pieza a reconocer el valor y la necesidad de la disciplina y empieza a trabajar para adquirirla por sí mismo pasando de la disciplina a la autodisciplina.

Disciplina no es castigo

No debemos confundir disciplina con castigo. Disciplinar es guiar, estimular, acompañar, construir una autoestima sana y, al mismo tiempo, corregir el mal comportamiento. En definitiva, todo lo que hagamos para ayudar a nuestros hijos a mejorar. La disciplina efectiva es respetuosa con el niño. La disciplina, por tanto, ha de tener un sentido y un propósito: jamás debe ser impuesta.

 Recuerda
- **Disciplina:** guiar, estimular, acompañar y ayudar a ser mejores.
- **Castigo:** enseñar a no hacer las cosas de manera incorrecta.

¿Cómo sabemos si la disciplina que establecemos es respetuosa o castigo?

Para saber esto debes contestar a estas preguntas con sinceridad:

1. ¿Te gustaría que te lo hicieran a ti?

2. ¿Le ayuda a tu hijo a mejorar?

3. ¿Mejorará tu relación con él o la dañará?

Objetivos de la disciplina

Los objetivos principales de establecer disciplina son:

1. Enseñar cualidades personales que le serán útiles toda la vida: autocontrol, empatía, resolución de conflictos...
2. Proteger a tu hijo.
3. Transmitirle unos valores esenciales.
4. Aprender a convertirse en un adulto responsable.

 Consejo de experto (por Judy Arnall[36])

La disciplina

- La disciplina efectiva nunca incluye el castigo.
- La disciplina efectiva es proactiva.
- La disciplina efectiva refuerza la relación entre padres e hijos.
- La disciplina efectiva es respetuosa con padres e hijos: «no hagas a los demás lo que no quieres que te hagan».
- La educación efectiva es amable, firme y segura.
- La educación efectiva se basa en el respeto mutuo, la comprensión y el amor.

Hay que superar la forma anticuada de pensar según la cual para que los niños hagan el bien, debemos hacerles sentir mal. Como los adultos, los niños que se sienten alentados quieren mejorar.

ELIOTT BARKER, PSIQUIATRA

---

36. *Educar sin estrés*, Judy Arnall, Ed. MEDICI.

Niños desobedientes, ¿qué podemos hacer?

Otra de las quejas más frecuentes que señalan los padres es que «sus hijos son desobedientes» y no les hacen caso. Los padres llegan con una sensación de impotencia ante esta situación porque, según afirman, parece que «hablan con la pared» (palabras textuales). Y esto es preocupante cuando se trata de niños de edades muy tempranas.

Es bastante habitual que los niños no respondan en estas primeras etapas a nuestras peticiones, pero hemos de tener en cuenta que no lo hacen para contradecirnos o llevarnos la contraria, sino porque están completamente centrados «en sus cosas», en su mundo... Bastantes cosas tienen como para prestar atención a nuestras órdenes y peticiones continuas. Piensan: «los adultos, qué pesados: siempre dando órdenes». Y en el fondo tienen razón, ¿no crees?

 Ejemplo

Veamos con atención qué es lo que suele ocurrir:

1. Pides a tu hijo que haga alguna cosa, por ejemplo: «pon la mesa, que vamos a comer».
2. Él responde sin dudar: «Ahora voy».
3. Al poco tiempo vas a la mesa y compruebas que todavía no la ha puesto y ya es hora de comer. Ahora ya te diriges a él con un tono más enfadado y le dices: «pon la mesa, que si no esta tarde no irás con tus amigos» (¿notas el tono amenazante?).
4. Tu hijo vuelve a contestar: «ahora mismo la pongo...».
5. Vuelves a ir al comedor y la mesa sigue exactamente igual. Ahora ya muy enfadado y con un tono elevado, le gritas que ponga la mesa en seguida (ahora sí demuestras que es una orden).
6. El niño va y pone la mesa.

Analicemos la situación con detenimiento. ¿Qué aprendemos de esto? Tanto el niño como nosotros estamos aprendiendo algo:

- La madre o el padre aprende que si no se enfada no consigue que el niño haga caso a la primera.
- El niño aprende que solamente hará caso cuando mamá esté realmente enfadada (vendrá a decírmelo varias veces).

Secuencias de este tipo se repiten continuamente en los hogares de nuestro país y situaciones como poner la mesa, ordenar la habitación y guardar los juguetes se convierten en verdaderas «luchas» para algunos padres que no saben qué hacer para que sus hijos les hagan caso.

Nuestros hijos deben aprender que las normas son importantes (pero no porque las impongamos nosotros) y que con una sola vez que se las recordemos deben tener suficiente para actuar en consecuencia. Por tanto, el primer objetivo es establecer unas normas claras y concretas. Esto no se consigue de la noche a la mañana, requiere un trabajo por nuestra parte y aportar una gran dosis de cariño, paciencia y sentido común.

Recuerda. Los niños se portan mal para satisfacer sus propias necesidades, no para vengarse de nosotros. No lo interpretes como un enfrentamiento personal.

¿Cómo conseguimos esto?

No hay una receta mágica para esto. Bueno ni para esto ni para nada en educación. En mis disertaciones siempre intento transmitir el mismo mensaje: la clave para educar está en la paciencia y sobre todo en la constancia. No podemos pretender que el niño haga caso de manera espontánea, de la noche a la mañana simplemente *porque nosotros se lo decimos, se lo ordenamos*. No es el camino.

Se trata de todo un proceso: desde que es pequeño debemos acompañarles (palabra clave) para que cumplan la norma, para que realicen la tarea que le hemos encomendado. Por ejemplo, si tiene que recoger sus juguetes debemos acompañarles, ayudares y en forma de juego indicarle cómo ha de hacerlo para terminar elogiando su conducta por lo bien que lo ha hecho. A medida que el niño crece y va adquiriendo mayor autonomía debe ir ganando responsabilidad y realizar estas tareas aunque el adulto no esté delante actuando como guía, como observador. Si no hace caso a lo que le decimos no podemos insistir y repetir las cosas tres mil veces, debemos hacer que vea consecuencias. No se puede educar a golpe de castigo, es un error.

Los padres también se quejan de esto: «le repito las cosas tres mil veces y no me hace caso». No se trata tanto de repetir sino de actuar, de lo contrario, nos convertimos en esa radio que suena de fondo… Al final ni nos escuchan. Por ejemplo, si le hemos dicho que hasta que no recoja su habitación no verá la tele, no le dejaremos que la vea. Ahí tenemos que ser firmes y mostrarnos inflexibles para que el niño vea que somos coherentes y cumplimos la advertencia: no ve la tele. Pero deben ver que no estamos enfadados aunque sí que cumplimos nuestra advertencia (consecuencia). ¿Qué mensaje le transmitimos si le decimos que no verá la tele pero a pesar de no hacer su tarea luego le dejamos que la vea?

Para conseguir que nuestros hijos hagan caso sin tener que repetir las cosas cien mil veces necesitamos un ingrediente esencial para educar que ya he mencionado anteriormente: la constancia. Debemos ser constantes y tener paciencia porque el niño entenderá que debe cumplir y realizar sus tareas si insistimos, repetimos y acompañamos una y otra vez hasta que aprende a hacerlo por sí mismo. Pero para eso debemos comprender muy bien cuál es nuestra tarea: somos padres, educadores y nuestra función es acompañar, actuando como un *sherpa* que les ayudará a alcanzar la cima.

 Actividad. Contesta estas preguntas con sinceridad:

- ¿Encuentras dificultades para que tus hijos te hagan caso?
- ¿Eres de los que tienes que repetirlo todo mil veces o te hacen caso a la primera?

Normas y límites

Vivimos en una sociedad en la que, por desgracia, muchas madres y padres todavía temen establecer límites y marcar unas normas a sus hijos. Existen diversas razones por las que no lo hacen. Entre ellas destaca la de querer «gustar a sus hijos» y por ello nunca decirles que no a nada. Otros quieren actuar como colegas de sus hijos creyendo equivocadamente que así los van a querer más. En palabras del pediatra Aldo Naouri:

> Este deseo de gustar a los hijos, que tienen prácticamente todos los padres, socava el ejercicio de su autoridad, pues se ven entregados en un auténtico concurso de seducción ante el niño.

Veamos un ejemplo concreto extraído del libro de Paulino Castells *Tenemos que educar*:

> Un padre va con su niño de siete años a unos grandes almacenes y tiene que pasar por la sección de juguetería. El buen hombre no tiene ningún interés en comprarle nada a su hijo y, antes de entrar en la sección, le prohíbe que pida nada. Pero el crío, al ver la cantidad de juguetes allí concentrados, comienza

a exigirle que le compre uno de ellos. Y como conoce los puntos débiles de su progenitor, y uno de ellos es que no le gustan los «espectáculos» en público, irrumpe desconsoladamente en un fuerte llanto que hace dirigir hacia él todas las miradas de los clientes que transitan la sección. Miradas tiernas y condescendientes para el crío y recriminatorias para el padre. El padre, apesadumbrado y acongojado, termina comprando el juguete de marras.

Tenemos que aprender a saber decir que no a nuestros hijos sin ningún tipo de complejos. ¿Cómo puedes ser que haya niños que escuchen la palabra no por primera vez cuando entran en la escuela? Síntoma de que algo está fallando.

Otro de los motivos por los que los padres no marcan límites es porque vivimos en una sociedad que antepone los derechos a los deberes, y eso está teniendo graves consecuencias en el terreno educativo tanto el ámbito familiar como en el escolar. El psiquiatra brasileño Augusto Cury describe muy bien lo que está ocurriendo en la actualidad:

> Antiguamente, los padres eran autoritarios, hoy lo son los hijos. Antiguamente, los maestros eran los héroes de sus alumnos, hoy son sus víctimas.

Este falso progresismo y liberalismo ha hecho mucho daño y ha provocado que surjan toda una serie de problemas y dificultades difíciles de resolver.

En su libro *Con ganas, ganas* Álvarez de Mon apunta una idea muy interesante:

> De un paradigma educacional severo y firme, movidos por el subyugante efecto péndulo, hemos derivado hacia el pesimismo y la debilidad. Es decir, hemos pasado del «esto está prohibido o es obligatorio» al «prohibido prohibir» sin detenernos en un término medio.

> **Ejemplo.** En ocasiones se da la circunstancia de que algún alumno molesta a sus compañeros porque no tiene ganas de estudiar e impide el funcionamiento normal de la clase. Expulsarle parece que está mal visto (ya que en raras ocasiones se hace: solo bajo circunstancias extremadamente graves). Siempre prioriza el «tienen derecho a la educación». Y yo me cuestiono, ¿tiene ese alumno más derecho que el resto? ¿Acaso no tienen derecho los demás a recibir la clase con normalidad? No es que esté a favor de la expulsión como método educativo, pero tendremos que establecer algún mecanismo que regule estos casos y haga comprender a un alumno que está haciéndolo mal y que eso tiene consecuencias, que no solo está en posesión de derechos, también de deberes. Dice Fernando Savater que «no se debe permitir que nadie boicotee esa tarea formativa, sea con arrogancia o por desidia», y añade: «no dejar nunca de educar a quienes lo quieren y requieren por hacer un favor a los que se niegan tozudamente a ello». Se puede decir más alto, pero no más claro.

El juez Emilio Calatayud incide muchísimo en que «tenemos complejo de joven democracia y por ello nos estamos resintiendo». Estoy muy de acuerdo con él sobre todo cuando afirma que «no nos atrevemos a llamar a las cosas por su nombre». Vivimos en una época en que todo es tabú y abusamos en exceso de los eufemismos para no ofender a nadie.

En las aulas esto también está teniendo consecuencias. Veamos un ejemplo:

> En el informe TALIS (Teaching and Learning International Survey) se destaca que «uno de cada cuatro profesores pierde al menos un 30% de las clases en tareas administrativas o en llamar la atención a los alumnos que continuamente interrumpen las clases. Los docentes españoles de secundaria están entre los más molestos con el ambiente de sus clases. En general, los profesores pierden un 13% del tiempo de clase

manteniendo el orden. Por ejemplo en Brasil el porcentaje crece hasta el 17%. Sin embargo, en Bulgaria, Estonia, Lituania y Polonia la cifra baja a menos del 10%. Aquí en España el porcentaje se acerca a los más altos: el 16%». Considero que es un tiempo excesivo y que nos debe hacer reflexionar a todos para poder abordar este problema y lograr que el tiempo empleado en la acción educativa tenga mayor efectividad. Es aquí donde observamos con claridad que hemos sabido hacer una muy buena pedagogía de los derechos, pero no hemos sabido explicar muy bien que estos derechos llevan implícitos toda una serie de deberes y obligaciones. Ahí hemos fracasado y lo seguimos haciendo. Por este motivo tenemos que empezar a reivindicar una pedagogía de los deberes necesaria sin perder de vista, claro está, el marco de los derechos. No podemos dejar que nuestros hijos y alumnos crezcan con el convencimiento absoluto de que solamente tienen derechos. También tienen deberes y esto, o no se transmite o no se sabe transmitir.

Esta pedagogía que reivindico se debe poner en funcionamiento a nivel social: los padres, la escuela, los medios de comunicación, los políticos... Todos tenemos que ponernos las pilas para que el mensaje no se pierda por el camino.

Simplemente tenemos que observar la cantidad de denuncias que llegan anualmente a las fiscalías y juzgados de menores. Es tremendo. Muchos de estos menores están convencidos de que solamente son poseedores de derechos y que hay total impunidad ante las faltas que cometen. Y como están totalmente equivocados se lo tenemos que hacer ver. Aplaudo por ello la cantidad de sentencias educativas y ejemplares que el juez Emilio Calatayud impone a los menores, ya que es una manera pedagógica y educativa de recordarles que, además de derechos, tienen unas obligaciones que cumplir y que si han hecho un daño a la sociedad lo tienen que reparar. Quizás si promoviésemos esta pedagogía de los deberes no tendríamos que llegar a tales extremos. Es responsabilidad de toda la sociedad el que este tipo de educación tenga éxito porque esta falta de autoridad no solo está presente en la educación sino que estamos empapados de ella a nivel social: en los campos de fútbol, en los recintos de ocio, en el ámbito familiar...

¿Qué nos dice la ciencia acerca de los límites?

El neuropsicólogo Álvaro Bilbao señala en su libro *El cerebro del niño explicado a los padres*:

> Puedo garantizar a todo padre y educador que los límites son necesarios en la educación del cerebro. Puedo defender esta afirmación porque existe toda una región del cerebro dedicada exclusivamente a fijar límites, hacerlos valer y ayudar a las personas a tolerar la frustración que supone su cumplimiento.

Se refiere a la región prefrontal del cerebro. Como puedes comprobar tenemos poderosas razones para recomendar el establecimiento de límites a la hora de educar a nuestros hijos desde que son pequeños.

Los límites son necesarios para…

➤ Que el niño se sienta seguro y protegido.

➤ Ofrecerles una estructura sólida a la que aferrarse.

➤ Que el niño vea que los padres son fuertes y consistentes y se sienta mucho más inclinado a identificarse con ellos.

➤ Que le ayuden al niño a tener claros determinados criterios sobre las cosas.

➤ Enseñar al niño a que debe renunciar a veces, que debe aceptar el no y es una forma de enseñarle a enfrentarse luego a las frustraciones de la vida.

➤ Que el niño aprenda valores tales como el orden, el respeto y la tolerancia.

Debemos ayudar a nuestros hijos a lidiar con sus
frustraciones, no a evitárselas.

Necesitan oír un «NO»

El «NO» ayuda a crecer y resulta necesario para enseñar determinados hábitos y también para evitar comportamientos peligrosos o indeseables. Los niños van a escuchar muchas veces en su vida la palabra «NO», y no únicamente de nosotros, sus padres. Por este motivo debemos enseñarles a afrontarlo desde que son pequeños pues es algo fundamental para su educación. El «NO» enseña…

- ➤ Que hay unos límites.
- ➤ Que los padres actuamos con firmeza.
- ➤ Autodisciplina.
- ➤ Aporta seguridad: el niño sabe qué esperamos de él en todo momento.

Pero hemos de tener mucho cuidado, sobre todo a partir del primer año de vida del niño en el que nos dedicamos a «prohibir por sistema» abusando enormemente de esta palabra. ¿Sabes que un niño desde que nace hasta que cumple los ocho años oye cerca de cien mil veces la palabra «NO»?[37] Como destaca Laura García Agustín:

> Así lo asegura un estudio realizado en EE. UU. con niños de tres y cuatro años. Mediante un sencillo sistema de micrófonos colocados en sus orejas durante 24 horas, este estudio descubrió que los pequeños oían sistemáticamente frases del tipo: «¡No toques eso!», «¡no te pongas ahí!» o «¡no comas eso!». También destacó que por cada elogio que el niño obtenía, recibía a cambio una media de nueve reprimendas.

Sorprendente, ¿verdad? Piensa antes de decir ese «NO» si realmente es importante para no excederte.

---

37. *Educar a los más pequeños*, Laura García Agustín, Ed. Temas de Hoy.

Actividad. Contesta estas preguntas:

- ¿Crees que decir «No» a un hijo es ser un mal padre?
- ¿Qué pensará tu hijo de ti si solamente le das pero no le exiges?

¿Somos padres permisivos?

Encuentro miedo por parte de algunos padres a ser excesivamente autoritarios, algo totalmente comprensible pues son
conscientes de que esta forma de proceder genera niños agresivos y violentos, entre otras muchas cosas. Lo que ocurre es
que, en ocasiones, huyendo de esta forma de actuar se posicio-
nan en el extremo opuesto: se vuelven exageradamente permisivos y esto también tiene consecuencias en la educación de
sus hijos.

¿Cómo son los padres permisivos?

Los padres permisivos tienen unas características comunes que
van desarrollando con el paso del tiempo:

> Son padres sobreprotectores que intentan evitar a su hijo
> cualquier experiencia que pueda frustrarle.

> No le dejan desenvolverse ninguna dificultad, afirmando
> cosas como: «pobrecito, lo mal que lo pasa», «ya tendrá
> tiempo de sufrir en esta vida», «si solo es un niño...». Me
> gustaría recordar aquí una frase de María Jesús Álava Re-
> yes: «podemos facilitarles el camino, podemos, de vez en
> cuando, correr con ellos, pero no debemos correr por
> ellos».

➤ No soportan ver a su hijo llorar, lo pasan mal: «no puedo verlo así».

➤ Siempre terminan por ceder a los deseos y chantajes del niño. Esta situación se agrava con el tiempo, pues se sienten cada vez más inseguros y el niño es incapaz de autocontrolarse, exigiendo sin limitación y sin posibilidad de razonamiento.

➤ Opinan que los niños son solamente niños y que deben disfrutar de la infancia: «déjalo que disfrute mientras pueda» (con derechos pero sin obligaciones).

➤ Ponen pocos límites y luego no exigen que estos se respeten, afirmando cosas como «total, por un día...». Pero al final nunca se trata solo de un día.

¿Y cómo son los hijos?

Una educación excesivamente permisiva tiene consecuencias directas en los hijos, que acaban creyendo que no son importantes para sus padres. Veamos algunas de las características comunes de estos niños:

➤ Son inseguros.

➤ Carecen de autocontrol.

➤ Son agresivos e impulsivos.

➤ Tienen una baja tolerancia a la frustración.

➤ Poca resistencia al fracaso.

➤ Son incapaces de asumir cualquier reto o mínimo cambio en sus vidas.

➤ Tienen reacciones emocionales desmesuradas.

➤ Llegan a creer que únicamente son poseedores de «derechos».

> ➤ Son pequeños tiranos que pueden llegar a convertirse en
   grandes tiranos.

Normas justas y las justas

Un tema que siempre trabajo en mis Escuelas de Padres con
Talento es el de las normas. Vamos a ver con detenimiento la
importancia que tienen y cómo deben ser para que tengan efectividad y se cumplan. Muchos de los problemas que nos encontramos a la hora de educar a nuestros hijos (conflictos,
dificultades...) tendrían fácil solución si desde un principio su-
piésemos establecer unas normas claras y sencillas.

¿Qué son las normas?

Son pautas o reglas que establecemos los padres y que ayudan a
nuestros hijos a funcionar en la vida, a distinguir lo que está
bien de lo que está mal, lo que es peligroso y lo que no lo es. Y,
aunque parezca contradictorio, las normas les ayudan a moverse con mayor libertad y sobre todo seguridad.

Es a los padres a quienes corresponde establecer estas normas,
pero sin caer en el exceso (normativismo) pero tampoco en el
defecto (permisividad). Los autores Pilar Guembe y Carlos Goñi destacan un principio básico que personalmente recomiendo: «Normas justas y las justas». Veamos el motivo:

1. **Deben ser justas.** Porque no se trata de imponer porque
   sí, sino de establecer unas reglas que les ayuden a CRE-
   CER y desarrollarse de una manera integral.

2. **Las justas.** Más vale que pongamos pocas normas y que
   éstas se cumplan que un exceso de normas que no se
   cumplen porque es imposible hacerlo. Seamos realistas a
   la hora de ponerlas.

Además, muy importante: debemos ir adaptando las normas a la edad y periodo evolutivo del niño. Algunas se mantendrán pero otras irán cambiando. Algunas serán innegociables pero otras se podrán negociar y consensuar con nuestros hijos (sobre todo en determinadas etapas).

¿Cómo deben ser las normas?

Las normas deben ser:

1. **Pocas.** Ya lo he mencionado, muchas normas pero que no se cumplan no sirven de nada.

2. **Claras y concretas.** Debemos explicar con claridad a nuestro hijo qué esperamos de él. No basta con decirle «no llegues tarde a casa» o «pórtate bien». Hemos de concretar más y mucho mejor si lo expresamos en positivo con frases afirmativas, destacando lo que realmente esperamos y no lo que no queremos que haga. Veamos un ejemplo:

   • Evitar: «no pintes la mesa».

   • Mejor: «se pinta en el cuaderno».

3. **Apropiadas.** Debemos ir revisando las normas a medida que nuestro hijo va creciendo, ya que las necesidades van cambiando y, por tanto, las normas no sirven todas para siempre.

4. **Sencillas y fáciles de entender.** Debes comprobar que tu hijo entiende los motivos por los que has establecido las normas. No se trata de prohibir por prohibir.

Es muy importante recordar que si queremos que se cumplan las normas los primeros que debemos cumplirlas somos los padres, ya que somos su referente y debemos dar ejemplo. No podemos exigir lo que no cumplimos.

Veamos algunos ejemplos de situaciones reales que se deben regir por normas claras y precisas:

> ➤ La hora de hacer los deberes del colegio.
> ➤ La hora de acostarse y levantarse.
> ➤ El tiempo que dedican a conectarse a internet.
> ➤ El uso del teléfono móvil.
> ➤ Distribución de las tareas del hogar.
> ➤ Limpieza y orden de la habitación.

☑ **Actividad.** Siéntate con tu pareja y hablad detenidamente sobre las normas que tenéis establecidas en vuestra familia. Revisadlas conjuntamente y comprobad si realmente se están cumpliendo. Anotad en un cuaderno aquellas que no se cumplen y al lado ideas sobre qué hacer para que sean más realistas y se cumplan. Pasado un tiempo revisadlas de nuevo eliminando aquellas que ya no son útiles y proponiendo nuevas (adaptándolas a la edad de vuestros hijos).

¿Qué hacemos con las normas y los límites en verano?

En primer lugar hemos de tener en cuenta que, a pesar de que estamos de vacaciones de verano (de nuestros respectivos trabajos), no estamos de «vacaciones de hijos». Con ello quiero destacar que nuestra tarea educativa es permanente durante las 24 horas del día, los 365 días del año. Como decía Josefina Aldecoa, «la educación es un proceso que no termina nunca».

En la Escuela de Padres con Talento nos estamos encontrando con casos de madres y padres que nos dicen que sus hijos les repiten esta frase cuando les piden que hagan algo: «No me pidas que haga eso, estoy de vacaciones». Eso es inadmisible porque a pesar de que están (estamos) de vacaciones, TODOS tenemos nuestras responsabilidades familiares que cumplir, por ejemplo, tareas domésticas, hacer la comida, hacer la cama…

Por tanto, que estemos de vacaciones no implica que los límites, las normas y los hábitos deban quedar en suspenso. Aunque hemos de tener en cuenta una serie de aspectos, ya que debemos actuar con mayor flexibilidad en cuanto a horarios, tiempos... Actuaremos con mayor flexibilidad con algunas normas, pero otras permanecerán inmutables porque son innegociables.

Por tanto nuestra actitud en verano debe basarse en un equilibrio entre:

EXIGENCIA + CARIÑO + LIBERTAD

No hemos de movernos en extremos (ni autoritarios ni permisivos) sino a través del sentido común y actuando en la práctica diaria con exigencia y mucho cariño para dotar al niño de mayor libertad en algunas cuestiones. Hemos de recordarles a los niños que estos cambios son temporales y que en cuanto se inicie el nuevo curso, todo volverá a la normalidad; es decir, a los hábitos, costumbres y horarios normales.

En el caso de los preadolescentes y adolescentes veamos algunas ideas que nos pueden resultar interesantes:

➤ Debemos establecer un calendario (horario) de manera conjunta con nuestros hijos para distribuir las actividades que van a realizar durante el verano. Hay tiempo para todo, aunque como ya he destacado anteriormente hemos de ser flexibles.

➤ Debemos aprovechar el verano para dedicar tiempo a la familia, a cultivar un mayor contacto padres-hijos que no podemos llevar a cabo a diario por motivos laborales: viaje en familia, actividades en familia…

> ➤ Tenemos que «desenganchar» a nuestros hijos de las pantallas: móviles, televisión, internet... y fomentar que realicen actividades al aire libre, actividades que durante el curso no pueden desarrollar: piscina, playa, actividades en familia, campamentos...

> ➤ Además, deben tener tiempo para la lectura. No una lectura obligada sino lo que ellos quieran leer, lo que les guste. No estableceremos un tiempo fijo de lectura pues un día pueden leer un capítulo y otro medio libro. Aquí la flexibilidad debe ser mayor.

> ➤ Tendremos en cuenta que donde mayor conflicto puede surgir es en el tema de los horarios: salir con los amigos, regreso a caso, etc.

> ➤ Con los adolescentes ya podemos negociar algunas normas y ver si las van cumpliendo, y de esta forma mantenerlas o ir modificándolas a lo largo del tiempo.

Como ya he destacado anteriormente, lo más importante es que los padres debemos mostrar COHERENCIA entre lo que les pedimos y lo que nosotros hacemos, ya que tenemos que educar con el ejemplo. No podemos decir que tienen que cumplir con sus responsabilidades y luego nosotros afirmar que «eso no lo hacemos porque estamos de vacaciones».

Tampoco podemos olvidar que en las vacaciones van a tener tiempo para aburrirse, para hacerse preguntas, para encontrarse a sí mismos. Te recomiendo que vayas con tus hijos a ver un amanecer o una puesta de sol. Es algo que no van a olvidar. Y recuerda: no basta con querer a tus hijos, tienes que decírselo cuantas más veces mejor.

Las vacaciones son un tiempo para estar juntos,
para el encuentro, para disfrutar educando.

Castigo y sus consecuencias

Educar sin castigar es posible y además absolutamente necesario. Para poder hacerlo es preciso que nos planteemos nuestro estilo educativo. Como muy bien indican Pilar Guembe y Carlos Goñi:[38]

> A golpe de sanción no se consigue nada, porque en educación nada se consigue a golpes. El castigo no ha de ser la norma sino la excepción; no ha de ser ordinario sino algo extraordinario. Una dinámica de premios y castigos nos llevan a un punto muerto, o incluso de retroceso. La única forma de salir adelante pasa por cambiar de metodología. Si algo no funciona, es poco inteligente que continuemos utilizándolo. Probemos otras alternativas como la motivación positiva, el diálogo, las consecuencias educativas sensatas o las estrategias para ejercer la autoridad.

Como ves, el castigo no es un recurso imprescindible para educar a nuestros hijos.

Repercusiones negativas del castigo

Los castigos tienen repercusiones negativas en nuestros hijos. Esta son algunas de ellas:

- ➤ Rabia.
- ➤ Frustración.
- ➤ Inseguridad.
- ➤ Falta de autoestima.
- ➤ Odio y resentimiento (hacia quien impone el castigo).
- ➤ Mentir (para evitar ser castigado).

---

38. *Educar sin castigar*, Pilar Guembe y Carlos Goñi, Ed. Desclée De Brouwer.

- Enseña lo que no se debe hacer pero no lo que sí se tiene que hacer.

Los castigos son más «útiles» para la persona que los pone que para la que los recibe. Además, la gran mayoría de los castigos son totalmente inútiles, los ponemos por no saber qué hacer, improvisando con un único objetivo: imponer nuestra autoridad. Aunque pueda parecer que funcionan muy bien a corto plazo, a largo plazo son ineficaces.

Los denominados «castigos tradicionales» suelen reunir una serie de características que los convierten en algo totalmente contraproducente:

- Son desproporcionados: «te castigo un mes sin salir».

- Incoherentes: «le das un cachete y le dices: ¡no se pega!».

- Humillantes: «no te quiero, fuera de mi vista».

- Peligrosos: «ahora te vas tú solo».

- No se cumplen: «todo el verano sin ver la tele».

- Antieducativos: «como os habéis peleado, castigados a leer un rato».

Como entenderás, prefiero hablar de consecuencias más que de castigo. Las consecuencias de diferencian del castigo en varias cuestiones fundamentales:

- El castigo implica «desquitarse» con el niño. Es una forma de venganza para aliviar nuestro sentimiento de enfado o frustración. No es necesario que el niño sufra para que aprenda que su conducta es inapropiada.

- La consecuencia tiene como objetivo enseñar por qué no deben cometer el mismo error.

Importante: El castigo sitúa la responsabilidad de la corrección en manos de los padres y las consecuencias la sitúan en manos de los niños para que corrijan aquello que han hecho mal.

7 ingredientes necesarios para mejorar la comunicación con tus hijos

Si queremos que la relación con nuestros hijos sea comunicativa y respetuosa esto precisa de un trabajo paciente y continuado por nuestra parte en cada una de las etapas educativas. Nada se consigue a golpe de castigo como muchos padres pretenden.

Los cimientos de nuestra relación padres-hijos serán sólidos y firmes si aplicamos los ingredientes necesarios para establecer una relación comunicativa y respetuosa con nuestro hijo. Comprobarás que estos 7 ingredientes precisan de tu tiempo, dedicación y presencia. Veamos con detalle cuáles son:

1. Enfoque positivo

Debemos trabajar para que la relación con nuestros hijos se base en el sentido del humor, el optimismo y las risas. Es importante alejarnos del pesimismo y el mal humor si queremos una construcción gradual y satisfactoria del vínculo con nuestro hijo.

2. Atención

Nuestro hijo necesita de nuestra atención. Se trata de una necesidad básica (sobre todo en la etapa infantil). Tanto la atención negativa (castigos, gritos, etc.) como la positiva (comunicación, afecto, sonrisas, etc.) son formas de atención. Debemos procurar enfocarnos en la atención positiva.

3. Tiempo

Nuestros hijos necesitan pasar tiempo con nosotros. Los niños (sobre todo cuando son más pequeños) necesitan tener cerca a los padres. Como no disponemos de tiempo para llegar a todo, lo importante es que aprendamos a establecer un orden de prioridades.

Es necesario que te centres en aquello que sí puedes hacer con tu hijo y no poner tanto el foco en lo que dejas de hacer con él. Además, y esto es lo más importante de todo, cuando dediques tiempo a tu hijo que este sea de calidad. No se trata de compartir habitación o estancia de la casa sino de estar presentes al cien por cien con ellos compartiendo actividades, juegos, diálogo, etc. No intentes superar el sentimiento de culpa por no disponer de tiempo para estar con tus hijos con regalos, es un error.

4. Guía

A nadie le gusta ser corregido constantemente y mucho menos si siempre es a través de un castigo o sanción. El castigo se centra únicamente en el mal comportamiento. Nuestros hijos necesitan a alguien que les ayude a mejorar y CRECER de forma cálida, amable, positiva y respetuosa. Nuestros hijos necesitan calidez y comprensión pero también firmeza.

5. Empatía

Nuestros hijos necesitan que sepamos ponernos en su lugar, que no olvidemos que nosotros en algún momento también fuimos niños (y adolescentes). Por eso es muy importante que sepamos relativizar los problemas y que veamos las cosas «con ojos de niño».

6. Escucha

Todos necesitamos sentirnos escuchados y valorados. Lo que ocurre en la comunicación con nuestros hijos es que estamos tan pendientes y preocupados por *lo que queremos decir* que se nos olvida escucharlos. Y es lo que más necesitan: que nosotros, como padres, les escuchemos atendiendo a sus miedos, dudas, sentimientos, etc. No lo olvides: si tu hijo se siente escuchado es más probable que también te escuche a ti. Escuchar a nuestro hijo no significa que perdamos autoridad sino más bien todo lo contrario, ya que le transmitimos las normas no por imposición sino con argumentos permitiendo una influencia creíble y positiva.

Una actitud de apertura y escucha facilitará y mucho la comunicación con tus hijos. Aunque no lo creas, están deseando contarte anécdotas, sentimientos del día a día, sus experiencias y vivencias, etc. Recuerda algo muy importante: cuando te hable no le interrumpas.

7. Cuidado de uno mismo

Para una buena relación con los hijos es esencial que los padres se sientan bien consigo mismos. Los padres precisamos de:

- ➤ Tiempo para la pareja.
- ➤ Tiempo para nosotros: para leer, practicar algún deporte, pasear, meditar, etc.
- ➤ Invertir tiempo en nuestro bienestar psicológico.

Si estamos bien con nosotros, manteniendo y trabajando ese bienestar psicológico tan necesario, estaremos en plenas condiciones para afrontar nuestra intervención educativa y ofrecerles lo mejor de nosotros a nuestros hijos.

#Leído en internet

«Decálogo para formar un delincuente»
(de autoría incierta y popularizado por Emilio Calatayud)

1. Desde su más tierna infancia, dé a su hijo todo lo que le pida. Así crecerá convencido de que el mundo le pertenece.

2. No se preocupe por su educación ética o espiritual. Espere a que alcance la mayoría de edad para que pueda decidir libremente.

3. Cuando diga palabrotas, celébrelo con unas sonoras risotadas. Esto le animará a hacer cosas todavía más graciosas.

4. Nunca le regañe ni le diga que ha obrado mal. No le reprima. Podría crearle un complejo de culpabilidad.

5. Recoja todo lo que deje tirado por ahí. Así se acostumbrará a cargar las responsabilidades sobre los demás.

6. Déjele ver y leer todo lo que caiga en sus manos. Esfuércese para que los platos, cubiertos y vasos que utiliza su hijo estén esterilizados, pero no se preocupe porque su mente se llene de basura.

7. Riña a menudo con su cónyuge en presencia del niño. De esta forma, conseguirá que no le afecte demasiado una ruptura familiar, quizá provocada por su propia conducta.

8. Sea generoso. Que su chico tenga siempre todo el dinero que pida. No vaya a sospechar que para conseguirlo es necesario trabajar.

9. Satisfaga todos sus deseos, apetitos y placeres. El sacrificio y la austeridad podrían producirle graves frustraciones.

10. Póngase de su parte en cualquier conflicto que tenga el chaval con sus profesores y vecinos. Piense que todos ellos tienen prejuicios contra su hijo y que quieren fastidiarle.

#4 citas en las que inspirarte

1. *Para poder decir que no a los hijos, también hay que saber decírnoslo a nosotros mismos.*
   BEGOÑA DEL PUEYO y ROSA SUÁREZ

2. *Para salvaguardar el principio de autoridad hay una regla de oro aplicable tanto a la familia como a la escuela: «no desautorizar al cónyuge, no desautorizar al maestro».*
   JOSÉ CARLOS ARANDA

3. *No le evitéis a vuestros hijos las dificultades de la vida, enseñadles más bien a superarlas.*
   LOUIS PASTEUR

4. *Si usted quiere que sus hijos tengan los pies sobre la tierra, colóqueles alguna responsabilidad sobre sus hombros.*
   A. VAN BUREN

El viaje continúa…

¿Qué te parece todo lo que te he ido contando a lo largo del libro? Espero que hayas podido encontrar respuesta a muchas de tus dudas respecto a la educación de tus hijos y puedas empezar a considerarte un padre con talento. Como puedes comprobar, no solo has aprendido sobre ti mismo sino sobre tu pareja, tu hijo… Esto te ayudará a afrontar la educación de tus hijos **en las mejores condiciones.** Te animo a que compartas esta información con tus amigos y conocidos y pueda llegar a más y más padres que, como tú hasta ahora, andan desorientados y perdidos.

Confío en que en este aprendizaje hayas ganado en **confianza** eliminando esos miedos e inseguridades que te asaltaban con frecuencia. Quiero que vivas y disfrutes al máximo este proceso de crianza de tus hijos. No se trata de «sobrevivir» a la crianza de tus hijos…

Como puedes comprobar, muchas de las ideas que he expuesto no son nuevas, no son mías sino que las he aprendido de personas que han investigado mucho más que yo. He intentado ofrecerte una gran cantidad de ideas y herramientas que aplico en el día a día con mis hijos. Muchas de estas ideas y experiencias me las ha transmitido mi mujer, por lo que puedo decir que la mitad (o más) del libro también es obra suya.

Puedes volver a estas páginas en el momento que quieras y seguir aprendiendo sobre aquellos temas en concreto en los que sigues encontrando dificultades. Como ya has aprendido, en caso de duda confía en ti mismo y en que haces lo mejor para tu hijo.

Un último consejo: **nada de lo aprendido aquí te servirá si no lo pones en práctica**. Como señala Jack Canfield, «tampoco sirve leer un libro sobre una dieta para perder peso si no se reduce el consumo de calorías y se hace más ejercicio». Por tanto, ahora viene la parte más importante: aplica las pautas y estrategias aprendidas en el libro y adáptalas a tu caso concreto, a tus circunstancias personales, etc.

Pero esto no termina aquí. Te invito a seguir leyendo *el segundo volumen* de la **colección «Escuela de Padres»** en la que abordaremos la educación de tu hijo de 6 a 12 años. En él encontrarás las claves para acompañar y educar mejor a tu hijo en esta nueva etapa, ayudándole en el proceso de construcción de su propia identidad.

Bibliografía

AA.VV. (2011), *Familias felices: el arte de ser padres*, Bilbao: Desclée.

Álava Reyes, M. J. (2002), *El NO también ayuda a crecer*, Madrid: La Esfera de los Libros.

Álava Sordo, S. (2014), *Queremos hijos felices*, Boadilla: J de J Editores.

Álvarez de Mon, S. (2010), *Con ganas, ganas*, Barcelona: Plataforma.

Aranda, J. C. (2013), *Inteligencia natural*, Córdoba: Ediciones Toromítico.

Arnall, J. (2011), *Educar sin estrés*, Barcelona: Medici.

Bacus, A. (2014), *100 Ideas para que tus hijos te obedezcan*, Barcelona: Oniro.

Ballenato, G. (2007), *Educar sin gritar*, Madrid: La Esfera de los Libros.

Basulto, J. (2013), *Se me hace bola. Cuando no comen como queremos que coman*, Barcelona: Debolsillo.

Bilbao, Á. (2015), *El cerebro del niño explicado a los padres*, Barcelona: Plataforma.

Blakemore, Sarah-J. y Frith, U. (2011), *Cómo aprende el cerebro*, Barcelona: Ariel.

Brazelton, T. y Sparrow, J. (2004), *Educar con sentido común*, Barcelona: Medici.

Calatayud, E. (2014), *Buenas, soy Emilio Calatayud y voy a hablarles de...*, Barcelona: Alienta.

Calderón, I. (2011), *Educar con sentido*, Alicante: Cobel.

Canfield, J. (2014), *Sopa de pollo para el alma de los padres*, Chicken Soup for the Soul, Cos Cob Soul: Publishing.

Castells, P. (2011), *Tenemos que educar*, Barcelona: Atalaya.

Chica, L. (2013), *¿Quién eres tú?*, Barcelona: Alienta.

Coyle, D. (2013), *El pequeño libro del talento*, Barcelona: Conecta.

Cury, A. (2007), *Padres brillantes, maestros fascinantes*, Barcelona: Zenith.

Einon, D. (2000), *Comprender a su hijo. Desde el primer llanto a la adolescencia*, Barcelona: Medici.

Esquinas, S. (2015), *Cómo ayudar a los niños a dormir*, Bilbao: Desclée.

Frost, J. (2015), *¡Contaré hasta tres!*, Barcelona: Planeta.

García Agustín, L. (2004), *Educar a los más pequeños*, Madrid: Temas de Hoy.

Giménez, M. (2007), *Los niños vienen sin manual de instrucciones*, Barcelona: Punto de Lectura.

Goleman, D. (1996), *Inteligencia emocional*, Barcelona: Kairós.

González, C. (2013), *Creciendo Juntos*, Madrid: Temas de hoy.

González, O. (2015), *365 propuestas para educar*, Barcelona: Amat.

González, O. (2014), *Familia y Escuela. Escuela y Familia*, Bilbao: Desclée.

Guembe, P. y Goñi, C. (2014), *Aprender de los hijos*, Barcelona: Plataforma.

Guembe, P. y Goñi, C. (2013), *Educar sin castigar*, Bilbao: Desclée.

Guembe, P. y Goñi, C. (2014), *Una familia feliz: guía práctica para padres*, Córdoba: Ediciones Toromítico.

Hogg, T. (2012), *Guía práctica para tener bebés felices y tranquilos*, Barcelona: RBA.

Honoré, C. (2008), *Bajo presión*, Barcelona: RBA.

Jové, R. (2006), *Dormir sin lágrimas*, Madrid: La Esfera de los Libros.

Jové, R. (2011), *La crianza feliz*, Madrid: La Esfera de los Libros.

Knobel Freud, J. (2013), *El reto de ser padres*, Barcelona: Ediciones B.

Landaeta, C. (2012), *Nadie nos enseñó a ser padres. Una guía definitiva para los nuevos líderes familiares*, Nueva York: Sudaquia Group.

López Cayhuela, P. (2014), *Educar amando desde el minuto cero*, Bilbao: Desclée.

Luri, G. (2014), *Bien educados*, Barcelona: Ariel.

Marina, J. A. (2011), *El cerebro infantil: la gran oportunidad*, Barcelona: Ariel.

Marina, J. A. (2010), *La educación del talento*, Barcelona: Ariel.

Moreno, E. (2015), *Cuentos para entender el mundo*.

Piñeiro, B. (2015), *La Cajita Come-Miedos: Descubre cómo ahuyentar los temores de tus niños*.

Ramos-Paúl, R. y Torres L. (2007), *El manual de Supernanny*, Madrid: *El País*.

Sunderland, M. (2007), *La ciencia de ser padres*, Barcelona: Grijalbo.

Templar, R. (2008), *Las reglas de los buenos padres*, Madrid: Pearson Educación.

Tierno, B. y Giménez, M. (2004), *La educación y la enseñanza infantil de 3 a 6 años*, Barcelona: Aguilar.

Tierno, B. (2011), *La educación inteligente*, Barcelona: Temas de Hoy.

Urra, J. (2006), *El arte de educar*, Madrid: La Esfera de los Libros.

Urra, J. (2013), *Respuestas prácticas para padres agobiados*, Barcelona: Espasa.

Urra, J. (2011), *Educar con sentido común*, Barcelona: Aguilar,

Urra, J. (2004), *Escuela práctica para padres*, Madrid: La Esfera de los Libros.

Vallet, M. (2010), *Educar a niños de 0 a 6 años*, Hospitalet de Llobregat: Wolters Kluwer Educación.

Recursos adicionales

Apreciado lector, muchas gracias por compartir tu valioso tiempo conmigo, ha sido un placer acompañarte durante tu lectura. Si quieres podemos seguir «conectados»:

Te invito a seguirme a través de mis redes sociales:

- **Twitter:** @OscarG_1978
- **Facebook:** facebook.com/oscar.g1978

Si estás interesado en ampliar el contenido del libro, visita la web de la colección ESCUELA DE PADRES:

www.coleccionescueladepadres.es

Si estás interesado en mis programas de formación para familias, escuelas de padres, talleres, seminarios, etc. visita la web **www.escueladepadrescontalento.es.** Son talleres prácticos (presenciales y *online*) diseñados para ayudar a las familias a educar con talento y con mucho sentido común. Puedes seguir estos programas a través de las redes sociales:

- **Twitter:** @EPTalento

- **Facebook:** facebook.com/EscuelaDePadresConTalento

Contacta conmigo en:
oscargonzalez@escueladepadrescontalento.es

Si quieres más recursos (webs y blogs recomendados con temáticas e información relacionada con el contenido del libro) visita el apartado *Recursos* de la web:

www.colecccionescueladepadres.es

Escuela de Padres con talento

La Escuela de Padres con talento es un proyecto pedagógico de Óscar González que pretende servir de **ayuda, orientación, aprendizaje y colaboración** a las madres y los padres durante el proceso educativo de sus hijos.

Todos los padres quieren educar bien a sus hijos pero muchos encuentran hoy grandes dificultades para lograr esa aspiración. Estamos convencidos de que **no existen recetas mágicas para educar a nuestros hijos,** no poseemos la «alquimia educativa» que nos resuelva todos los problemas pero sí que ofrecemos **pautas, herramientas y principios educativos** para que puedan llegar de un modo práctico al fondo de los problemas de cada hijo dando respuesta a sus inquietudes, dudas y temores.

Nuestra intención es la de prepararlos para que aprendan y encuentren su propio estilo y forma de educar a sus hijos. Queremos estar **junto a ellos** para orientarlos, ayudarlos, acompañarlos, escucharlos, asesorarlos y ofrecerles lo que buscan: **soluciones**.

Además de los mencionados, uno de nuestros objetivos prioritarios es «aprender todos de todos». Este proyecto es **una experiencia enriquecedora para todos los participantes** donde la visión y experiencia de otros padres nos ayudarán a completar y enriquecer la propia.

Es necesario un cambio en el concepto tradicional de Escuelas de Madres y Padres, un modelo obsoleto. Nuestro proyecto establece **un nuevo modelo de Escuela de Padres y Madres** práctico y dinámico que ofrece resultados reales. Una de las quejas frecuentes de los centros educativos es que los padres y las madres no participan en este tipo de iniciativas. Ofrecemos un proyecto avalado por una altísima participación e implicación por parte de las familias.

Para más información sobre la Escuela de Padres con Talento accede a la web **www.escueladepadrescontalento.es**

Contacta con nosotros en **info@escueladepadrescontalento.es**

OTROS TÍTULOS DE LA COLECCIÓN

Escuela de padres de niños de 6 a 12 años

Óscar González
ISBN: 9788497358545
Págs: 160

¿Debemos ser flexibles con las normas y la disciplina de nuestros hijos? ¿Cuáles son las consecuencias reales de un castigo determinado? ¿Cómo detectar si nuestro hijo es objeto de acoso o está acosando a otros niños? ¿Hasta qué punto es positivo que tengan tantos deberes? ¿Cómo podemos motivarlos cuando se sienten desanimados? ¿Cuál es el mejor modo de evitar el fracaso escolar? ¿Cuándo es el momento de comprarles un móvil y de qué manera deben usarlo? ¿Cuáles son los riesgos de las redes sociales?¿De qué manera podemos implicarnos con la escuela en la educación de nuestros hijos? ¿Cuáles son los imprevistos con los que nos podemos encontrar en esta etapa?

Escuela de padres de adolescentes

Óscar González
ISBN: 9788497358569
Págs: 160

¿Cómo debemos comunicarnos con un adolescente? ¿Qué piensan nuestros hijos de nosotros durante esta etapa? ¿Debemos ser padres o intentar ser amigos de nuestros hijos? ¿Cuánto debemos confiar y desconfiar de lo que hacen? ¿Cuáles son las claves de su educación? ¿Cómo amoldamos las normas a las nuevas realidades de nuestros hijos? ¿Cuáles son los riesgos de esta edad? ¿Cómo entender la importancia que le dan a la imagen? ¿De qué manera afectan o ayudan las nuevas tecnologías a su comportamiento y educación? ¿Cómo podemos dialogar con otros padres? ¿Y con los profesores? ¿Cuál es el éxito y el fracaso de la escuela del siglo xxi? ¿Cómo ayudarles a decidir qué quieren estudiar en el futuro?